GIDS VOOR MODERNE ARCHITECTUUR IN ROTTERDAM/GUIDE TO MODERN ARCHITECTURE IN ROTTERDAM

Deze publicatie is mede mogelijk gemaakt door
bijdragen van / This publication has been made
possible through the generous support of
Erasmusstichting, Stichting Bevordering van Volkskracht,
G.Ph. Verhagen Stichting en/and Anjer Fonds Rotterdam

Uitgeverij 010 Publishers, Rotterdam 1996

vertaling/translation:
John Kirkpatrick, Rotterdam
vormgeving/design:
Bureau Piet Gerards, Heerlen
kaarten/maps:
Mapminded, Maarssen
druk/printing:
Mart.Spruijt, Amsterdam
fotografie/photography:
Piet Rook, Vlaardingen
overige afbeeldingen/other illustrations:
Aeroview Dick Sellenraad,
Aerocamera Hofmeester,
Gemeentelijke Archiefdienst Rotterdam,
Historisch Archief de Erven de Wed. J. van Nelle,
Piet Vollaard

CIP/ISBN 90 6450 243 9

Paul Groenendijk, Piet Vollaard

Gids voor Guide to moderne architectuur modern architecture in Rotterdam

fotografie/photography **Piet Rook**

Aanwijzingen voor het gebruik

Ieder object in de gebouwendocumentatie bevat een aantal zakelijke gegevens met informatie over ontwerper(s), ontwerp- en bouwjaar en adres. De volgende regels zijn hier gehanteerd:

001 Objectnummer

OMSCHRIJVING Naam en functie van het object. Bij voorkeur is hier de oorspronkelijke benaming gebruikt. Wanneer meerdere objecten worden besproken is dit aangegeven door het gebruik van het leesteken ';'. Dit leesteken is in dat geval ook terug te vinden bij de adressen, de ontwerper(s) en de jaartallen.

ADRES, PLAATS Huisnummers zijn alleen opgenomen wanneer er twijfel kan bestaan over de exacte locatie van het object. Wanneer het object zich op een hoek van twee straten bevindt, is dit aangegeven met het leesteken '/'. Bij stedebouwkundige objecten wordt vaak de belangrijkste straatnaam genoemd met de toevoeging 'e.o.' ('en omstreken').

ONTWERPER(S) Genoemd worden de architecten of de architectenbureaus die in de literatuur als ontwerper(s) worden aangegeven. Het gebruik van het leesteken ';' geeft aan dat er sprake is van meerdere objecten dus ook van meerdere ontwerpers. Het leesteken '/' geeft aan dat er sprake is geweest van een uitbreiding of een reconstructie die door een andere ontwerper is uitgevoerd. Deze leestekens zijn ook in de jaartallen terug te vinden.

JAARTALLEN In het algemeen worden twee jaartallen genoemd. De eerste betreft het ontwerpjaar, de tweede het jaar van ingebruikname. Bij stedebouwkundige objecten is alleen het ontwerpjaar aangegeven, aangezien de realisatie soms enige decennia omvat. Het leesteken '/' geeft aan dat er ofwel een eerder (niet uitgevoerd of prijsvraag-) ontwerp aan de bouw voorafging ofwel een latere uitbreiding van het object heeft plaatsgevonden.

MEDEWERKERS Bij grotere projecten is er vaak sprake van meerdere ontwerpers. Ook is het zo dat bij grotere bureaus, zoals OD 205 en Van den Broek & Bakema, veelal één architect verantwoordelijk is voor het project, de projectarchitect (proj.). Op deze positie wordt een nadere precisering van de ontwerpers gegeven.
(proj.) projectarchitecten; (medew.) medewerkende architecten; (int.) interieurarchitecten; (constr.) constructeurs; (b.k.) beeldend kunstenaars; (rest.) restaurateurs; (oorspr. ontw.) oorspronkelijk ontwerp; (uitbr.) uitbreiding

Tenslotte wijzen de samenstellers erop dat veel van de in deze gids opgenomen gebouwen zich op privé-terrein bevinden en dat bij een eventueel bezoek het nodige respect voor de privacy van de bewoners/gebruikers in acht genomen dient te worden.

How to use this book

Each entry in the documentary section includes the following list of data, designer(s), years of design and construction, and addresses:

001 Object number

DESCRIPTION Name and function of the object, preferably its original name. If there is more than one object this is indicated by a dividing semicolon, which in such cases also separates the addresses, designers and dates.

ADDRESS House numbers are only included if doubt may arise as to the object's location. If it is situated at the junction of two streets this is indicated by a slanting line (/). The more large-scale urban projects are often identified by a principal street followed by 'e.o.' (and vicinity).

DESIGNER(S) The names given are those of the architects or firms credited as such in the architectural literature. A semicolon indicates more than one object and therefore more than one designer. A slanting line (/) occurs in cases of extensions, alterations, etc. by another designer. These punctuation marks are carried over to the dates.

DATES Generally speaking two dates are given, the first being the year of design and the second the year when appropriated. Urban designs are credited only with the former, considering that construction sometimes takes tens of years. A slanting line (/) indicates either an earlier design (unexecuted, or a competition entry) or a later extension.

TEAM MEMBERS Large-scale projects often mean more than one designer. Equally, in larger offices such as OD 205 and Van den Broek & Bakema each project is frequently the responsibility of one architect, the project architect (proj.). Abbreviations used at this point are as follows:
(proj.) project architects; (medew.) contributing architects; (int.) interior designers; (constr.) structural engineers; (b.k.) artists; (rest.) restoration architects; (oorspr. ontw.) original design; (uitbr.) extension

Finally, the compilers would like to remind the user that many buildings included in the Guide are on private ground, so that when viewing such buildings care should be taken to disturb the privacy of their occupants as little as possible.

Voorwoord

Deze gids is vooral bedoeld om belangstellenden in de moderne architectuur van Rotterdam behulpzaam te zijn bij het bezoeken van gebouwen en projecten in deze stad. De projectbeschrijving van architectonische en stedebouwkundige objecten vormt het hoofdbestanddeel van de gids. Van de objecten zijn een foto van de huidige staat en een korte beschrijving opgenomen, alsmede gegevens over de ontwerper(s), ontwerp- en bouwjaar en adressen. Aan een aantal projecten dat van bijzondere betekenis wordt geacht is in tekst en illustratie ruimer aandacht besteed. De selectie van de projecten beoogt een representatieve keuze te zijn uit het werk van architecten en architectuurstromingen die een relevante rol hebben gespeeld in de ontwikkeling van de moderne architectuur in Nederland. Naast overwegingen van architectuurhistorische aard is geselecteerd naar gebouwtype, stijlperiode en bouwjaar. Soms speelden overwegingen met betrekking tot bereikbaarheid en bouwkundige staat een rol.

De gids behandelt in principe de architectuur van deze eeuw. De begrenzing van het begrip 'modern' is evenwel ook bij de figuur Berlage gelegd, terwijl twintigste-eeuwse uitingen van vroegere stromingen niet zijn opgenomen. Ook het begrip 'architectuur' kan verschillend geïnterpreteerd worden. Bij grensgevallen als utiliteitsbouw, civiele werken en omgevingskunst stond de inbreng van de architect en daarmee de vaak samenhangende aandacht van de architectuurpers voorop. In deze gids is relatief veel aandacht besteed aan recente architectuur. Naast het grote bouwvolume van de laatste decennia is ook de grote hoeveelheid naast elkaar opererende architectuurstromingen en stijlen hiervoor verantwoordelijk. Bovendien veronderstellen wij bij de gemiddelde architectuurtoerist een grote belangstelling voor nieuwe ontwikkelingen en nog niet gevestigde reputaties.

Paul Groenendijk, Piet Vollaard

Foreword

This guide is intended primarily to help devotees of modern architecture in Rotterdam to visit items of interest in this city. The bulk of the guide is given over to descriptions of buildings and urban projects. Each item is represented by an up-to-date photograph and a brief description, plus information on the designer(s), when designed and when built, and addresses. Several projects deemed of greater significance are given broader verbal and visual coverage. The items selected are considered to be a representative choice from the work of those architects and architectural streams that have played a pertinent role in the development of Dutch modern architecture. Other criteria for the present choice include the type of building, the period or style involved and the year of construction.

In principle the guide is solely concerned with the architecture of this century. However, all that is 'modern' in Dutch architecture begins with Berlage; similarly, twentieth century buildings representing earlier trends have been left out. The meaning of the word 'architecture' can be variously interpreted too. In borderline cases such as civil engineering works and environmental art the architects' input and the amount of press coverage were decisive factors. A proportionally large percentage of the guide is devoted to recent architecture, not just because of the sheer quantity produced during the last few decades, but also due to the great number of architectural streams and styles operating literally within a stone's throw of each other. Moreover, the authors feel safe in crediting the average travelling architecture enthusiast with a genuine interest in new developments and in reputations yet to be established.

Paul Groenendijk, Piet Vollaard

Als in 1872 de Nieuwe Waterweg wordt geopend, ontwikkelt Rotterdam zich in snel tempo tot de grootste haven ter wereld. Hierdoor neemt de werkgelegenheid snel toe en moet de relatief kleine stad tienduizend nieuwe inwoners per jaar huisvesten. Deze bevolkingsexplosie zet een golf van revolutiebouw in gang, waarbij de bouwers een grote inventiviteit aan de dag leggen in het ontduiken van de Woningwet van 1901. Om deze wildgroei een halt toe te roepen wordt in 1916 de Gemeentelijke Woningdienst in het leven geroepen.

Onder leiding van ir. A. Plate komen de nieuwe woonwijken Spangen en Tusschendijken tot stand. Hier bouwt architect M. Brinkman zijn vernieuwende wooncomplex aan de Justus van Effenstraat (080). Plate stelt de jonge architect J.J.P. Oud, lid van de kunstenaarsgroep De Stijl, aan als architect van de Gemeentelijke Woningdienst. Oud werkt aan een reeks woningblokken in Spangen (086) en Tusschendijken (077) en het inmiddels door nieuwbouw (085) vervangen semi-permanente Witte Dorp, waarvan de bij de bouw gebruikte directiekeet onlangs is gerestaureerd (084). Dit werk wordt gevolgd door een woningblok in Hoek van Holland en de woonwijk Kiefhoek (150).

Oud staat met deze projecten aan de wieg van het internationale functionalisme. De belangrijkste exponenten van deze stroming in Nederland zijn naast Oud, Duiker en Van Loghem, de Rotterdamse architecten L.C. van der Vlugt, W. van Tijen en J.H. van den Broek. Van der Vlugt bouwt onder het inspirerende bouwheerschap van C.H. van der Leeuw de internationaal geroemde Van Nellefabriek (081) en in samenwerking met Van Tijen de Bergpolderflat (094). Van den Broek breekt met zijn woningbouwblok aan de Vroesenlaan (095) het gesloten bouwblok open. De belangrijkste moderne architecten in Rotterdam waren georganiseerd in de vereniging Opbouw die in 1920 door M. Brinkman en de uit Amsterdam afkomstige architect W. Kromhout was opgericht. De laatste werkt in een monumentaal expressionistische stijl, zoals te zien is aan het kantoor van de Scheepvaart Vereeniging Zuid (071) en het magazijn voor Diepeveen & Co (078). Naast de modernen mogen de traditionalisten M.J. Granpré Molière en de in 1929 tot stadsarchitect benoemde A.J. van der Steur niet onvermeld blijven. De eerste oefende door zijn hoogleraarschap aan de Technische Hogeschool in Delft (1924-1953) een enorme invloed uit en heeft in Rotterdam als belangrijkste project het tuindorp Vreewijk gebouwd (149). Van der Steur is o.a. de architect van het Museum Boijmans Van Beuningen (052) en de Maastunnel (063). Op 14 mei voert de Duitse Luftwaffe een luchtaanval uit op de havens en het centrum van Rotterdam. Na de vier dagen durende brand staan in het centrum nog maar enkele gebouwen overeind, waaronder het stadhuis (016), het postkantoor (017) en de beurs (020). De wederopbouw wordt voortvarend aangepakt en er wordt niet geschroomd om nog overeind staande gebouwen die de nieuwe ontwikkelingen in de weg staan te slopen. Het eerste wederopbouwplan van Witteveen uit 1941 wordt door Van Traa gewijzigd in het uiteindelijke Basisplan dat in 1946 van kracht wordt. In dit plan wordt het nieuwe centrum ontsloten door een rechthoekig raster van brede verkeerswegen. Naast het nieuwe station van S. van Ravesteyn (001) verschijnt hét symbool van de wederopbouw; het Groothandelsgebouw (003) van Maaskant en Van Tijen, een bedrijfsverzamelgebouw van 128.000 m^2. Het hart van het nieuwe centrum wordt de door het architectenbureau Van den Broek & Bakema ontworpen verkeersvrije winkelstraat De Lijnbaan (011) met daarlangs woonhoven in hoogbouw van o.a. Maaskant en Bakker (012). Vooral het bij uitstek Rotterdamse bureau Van den Broek & Bakema (een directe voortzetting van respectievelijk de bureaus Brinkman, Brinkman & Van der Vlugt en Brinkman & Van den Broek) houdt met een reeks opmerkelijke gebouwen de fakkel van het modernisme brandend. Samen met de in Opbouw georganiseerde architecten werken zij tevens aan de door de stedebouwkundige Lotte Stam-Beese ontworpen woonwijk Pendrecht (157).

In de jaren zeventig krijgt het stadsbestuur, dat tot dan toe zowel in het nieuwe centrum als in de vele uitbreidingswijken voortvarend het modernisme heeft gepropageerd, last van koudwatervrees. Architecten als Verhoeven en Blom worden binnengehaald om de vermeende kilte van de binnenstad te verdrijven met kleinschalige projecten die zich kenmerken door een uitbundig gebruik van veelsoortige vormen, zoals de woningbouw bij het Hofplein (093) en de paalwoningen (036). Ook de vernieuwing van de negentiende-eeuwse woonwijken wordt in Rotterdam voortvarend aangepakt, waarbij in eerste instantie meer aandacht wordt besteed aan de hoogte van de huren dan aan de architectonische kwaliteit van de woningen. Goede uitzondering is het werk van de architectengroepen De Nijl (046, 048) en Mecanoo (042, 047). Gedurende de jaren tachtig wordt de draad van de moderne traditie weer opgenomen. De als rationalisten bekend staande Rotterdamse architecten Weeber (135), Quist (033) en Hoogstad (124) vormen, in opvatting verschillend, belangrijke representanten van dit herlevend modernisme. Met de bliksemsnelle bebouwing van het Weena (004) wordt de wederopbouw van het centrum eind jaren tachtig afgerond. De grote propagandist en inspirator van een nieuwe generatie is Rem Koolhaas die zich met zijn Office for Metropolitan Architecture (OMA) eind jaren zeventig in Rotterdam vestigt. Veel realiseert Koolhaas aanvankelijk niet in zijn geboortestad (001). Met zijn ontwerp voor de Kunsthal (059) en het Museumpark (060) plaatst hij, samen met Jo Coenen die het Nederlands Architectuurinstituut (055) ontwerpt, Rotterdam op de internationale architectuurkaart van de jaren negentig.

Met de ontwikkeling van de Kop van Zuid (140) en de aanleg van de Erasmusbrug (134) wordt een nieuw centrum 'op zuid' gerealiseerd. Met de bebouwing van Prinsenland (119) is de laatste beschikbare grond binnen de gemeentegrenzen volgebouwd. Maar de stad komt nooit af, want inmiddels is Rotterdam op het Beursplein (022) begonnen aan de vernieuwing van het naoorlogse centrum.

Following the opening of the 'New Waterway' to the sea in 1872, Rotterdam quickly grew into the largest port in the world. Employment rocketed as a result and the relatively small town had to find room for an additional ten thousand inhabitants per year. This population increase triggered of an epidemic of jerry-building, which builders outdoing each other in ingenuity to sidestep the Housing Act of 1901. A Municipal Housing Agency was set up to stem this uncontrolled growth.

Under the leadership of ir. A. Plate, it produced the Spangen and Tusschendijken districts. Here, the architect M. Brinkman built his innovative housing complex on the Justus van Effenstraat (080). Plate appointed the young architect J.J.P. Oud, member of the De Stijl group, City Architect to Rotterdam. Oud worked on a series of housing blocks in Spangen (086) and Tusschendijken (077), and the semi-permanent White Village, since knocked down and replaced (085) although Oud's original works office building was recently restored (084). These he followed with the Hoek van Holland block and the Kiefhoek housing estate (150).

These projects can be seen as Oud's contribution to the birth of international functionalism. Beside Oud, Duiker and Van Loghem, the principal exponents of this style in the Netherlands were the Rotterdam architects L.C. van der Vlugt, W. van Tijen, and J.H. van den Broek. Under the inspired leadership of its director C.H. van der Leeuw, Van der Vlugt built the internationally renowned Van Nelle Factory (081), and with Van Tijen the Bergpolder flats (094). In his housing block in the Vroesenlaan (095) Van den Broek opened up the perimeter block. The most important of Rotterdam's modern architects were members of the 'Opbouw' association founded in 1920 by Brinkman and the Amsterdam architect Kromhout. The last-named worked in a monumental expressionist style, as can be seen in his Port Employers' Association building (071) and the warehouse for Diepeveen & Co (078).

Besides the moderns, the traditionalists M.J. Granpré Molière and A.J. van der Steur (from 1929 City Architect) should not go unmentioned. Through his professorship at Delft University of Technology (1924-1953) Granpré Molière exerted a tremendous influence and in Rotterdam built his most important project, Vreewijk garden village (149). Van der Steur designed the Boijmans Museum (052) and the tunnel under the river Maas (063).

On 14 May 1940 the Luftwaffe carried out an air raid on the docks and centre of Rotterdam. After a conflagration lasting four days, there were only a handful of buildings left standing in the city centre, amongst which the city hall (016), post office (017) and stock exchange (020). Reconstruction took an energetic line, and the authorities did not flinch from demolishing any remaining buildings which stood in the way of new development. The first reconstruction plan by Witteveen in 1941, was modified by Van Traa into the Inner City Reconstruction Scheme implemented in 1946. In it the new city centre was to be opened up by an orthogonal grid of broad thoroughfares. Next to the new railway station designed by S. van Ravesteyn (001) there appeared the symbol of the reconstruction: the Rotterdam Business Centre (003) by Maaskant and Van Tijen, a mixed-use building of 128,000 m^2. The core of the new centre became the pedestrian shopping street De Lijnbaan (011) designed by Van den Broek & Bakema, with off it high-rise housing replete with green space by Maaskant and Bakker (012). In particular the practice of Van den Broek & Bakema (the follow-up to those of Brinkman, Brinkman & Van der Vlugt and Brinkman & Van den Broek) held aloft the torch of modernism with a string of remarkable buildings. Together with the Opbouw architects they worked on the Pendrecht residential area, designed by the urban planner Lotte Stam-Beese (157).

In the seventies the City Council, which until then had propagated the modernist style both in the new city centre as in the many new development areas, suddenly got cold feet. It then brought in architects like Verhoeven and Blom to remove the alleged chill of the inner city with small-scale projects characterized by a formal multifariousness such as the housing near Hofplein (093) and the pole dwellings (036). Also, the renovation of nineteenth-century housing estates has been taken up enthusiastically in Rotterdam. Initially, more attention was paid to the rent level than to the architectonic quality of the dwellings. A fine exception is the work by the firms of De Nijl (046, 048) and Mecanoo (042, 047). The eighties saw the resumption of the modernist tradition in architecture. Major representatives of this revivified modernism yet each his own man, are three Rotterdam Rationalists, Carel Weeber (135), Wim Quist (033) and Jan Hoogstad (124). Effectively bringing the postwar reconstruction to a close at the end of the eighties was the development, taken at breakneck speed, of the Weena area (004). The great propagandist and inspirer of a new generation of designers is Rem Koolhaas who set up his Office for Metropolitan Architecture (OMA) in Rotterdam at the end of the seventies. To begin with Koolhaas built little in his home town (001). In the nineties his designs for the Kunsthal (059) and the Museum Park (060), together with Jo Coenen's Netherlands Architecture Institute (055), placed Rotterdam squarely on the architectural map of the world.

A new centre south of the river is at present underway in the shape of the Kop van Zuid scheme (140), directly linked to the centre in the north by the brand-new Erasmus Bridge (134). The last available ground within Rotterdam municipality has since been claimed by the Prinsenland development (119). Even so, will the city ever be complete, for Rotterdam has recently begun revamping its postwar centre at Beursplein (022).

001 CENTRAAL STATION/CENTRAL STATION
Stationsplein
S. VAN RAVESTEYN | 1950-1957
J.H. Baas (b.k.)
Bouw 1957 p.604; Polytechnisch Tijdschrift Bouwkunde 1958 p.220; Architecture d'Aujourd'hui 1958 p.24; La Technique des Traveaux 1960 p.93; Architectuur Rotterdam 1945-1970, 1993

Twee gebogen kantoorvleugels, die overigens twee in plaats van de gesuggereerde vier verdiepingen bevatten, aan weerszijden van de centrale hal eindigen in twee decoratieve poorten. Vanuit een voetgangerstunnel zijn de perrons bereikbaar, die elk met een eigen kap van twee gewelfde betonschalen zijn overdekt. Ook in de centrale hal zijn gewelfde schalen aangebracht die indirect worden verlicht. Voor het gebouw staat een busstation, ontworpen door OMA (1985-1987).

▪ Two curved office wings, each of two storeys instead of the suggested four, stand either side of the main station hall and terminate in two decorative gateways. Platforms are reached from a pedestrian tunnel and are each capped with two vaulted concrete shells. In the main hall, too, are vaulted shells lit indirectly. A bus station, designed by the Office for Metropolitan Architecture (1985-1987), stands before the main block.

002 STATIONSPOSTKANTOOR/RAILWAY POST OFFICE
Delftseplein 31
E.H.A. & H.M. KRAAIJVANGER | 1954-1959
L. van Roode (b.k.)
Bouw 1959 p.246; Polytechnisch Tijdschrift Bouwkunde 1959 p.762; Bouwkundig Weekblad 1960 p.388; La Technique des Traveaux 1960 p.215; Architectuur Rotterdam 1945-1970, 1993

De postmechaniseringsapparatuur vereiste hoge werkzalen met zo min mogelijk kolommen. De breedte van 34 m. wordt in beton overspannen met slechts één middenkolom. Aan oost- en westzijde bevinden zich lagere kantoorverdiepingen. De dubbelhoge werkzalen hebben een horizontaal kijkraam tot 2,10 m. hoogte als schaalbepalend element. De bovenste laag is 9,50 m. hoog en kolomloos. Deze opbouw komt in de gevel duidelijk tot uiting in de typische baksteen- en betonarchitectuur van de wederopbouw. Met de verplaatsing van de postsortering naar de rand van de stad is het gebouw thans zonder bestemming.

▪ Automation for this railway post office meant tall work areas with a minimum of columns. Its width of 34 m. is spanned in concrete supported by a single central column. On the east and west sides are less-tall office storeys. Scale in the double-height work areas is determined by a horizontal window rising 2.10 m. The uppermost level, 9.50 m. high and without columns, is clearly expressed in the facade by brick and concrete architecture typical of the postwar reconstruction. The railway post office's move to the edge of the city has left the building without a use.

003 GROOTHANDELSGEBOUW/BUSINESS CENTRE
Stationsplein 45
H.A. MAASKANT, W. VAN TIJEN | 1949-1951
Bouwkundig Weekblad 1950 p.433; Bouw 1953 p.145; Forum 1953 p.130; Polytechnisch Tijdschrift Bouwkunde 1949 p.171, 1951 p.693; L. Ott - Van luchtkasteel tot koopmansburcht, 1969; H. Fluks e.a. - Architect H.A. Maaskant (1907-1977), 1983

Dit bedrijfsverzamelgebouw, een megastructuur van 128.000 m^2, vormt de aanvang en het blijvend symbool van de wederopbouw. De bedrijfsruimtes zijn gegroepeerd rond drie binnenhoven, waar vrachtwagens goederen afleveren via een intern verkeersstelsel. De ruimtes, zowel bruikbaar als kantoor als voor opslag, hebben een identieke, neutrale gevel van betonelementen. Met accenten als trappenhuizen, ingangen en een bioscoop op het dak levert dit een expressieve betonarchitectuur op.

▪ This multi-company megastructure of 128,000 m^2, the Rotterdam Business Centre, was the start and remains the symbol of Rotterdam's postwar reconstruction. It groups commercial premises around three inner courts where lorries come and go using an internal road system. Serving either as office or storeroom each space has an identical, neutral facade of concrete elements. Accentuated by staircases, entrances and a cinema on the roof the sum total is an expressive, concrete architecture.

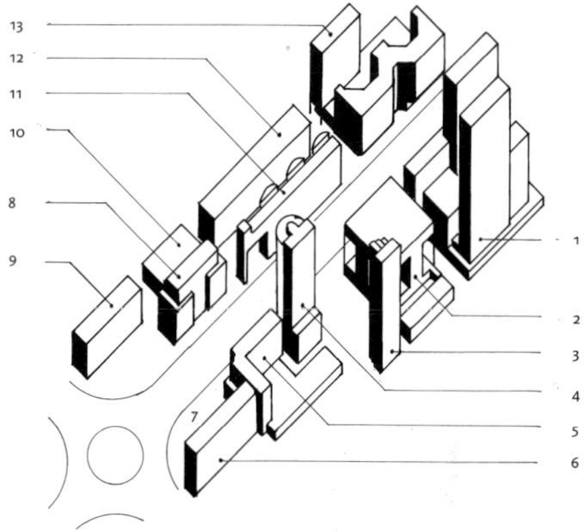

004 WEENA-GEBIED/WEENA AREA
Weena
DIVERSE ARCHITECTEN | 1982-1993
de Architect 1987-2, 1992-5; Bouw 1990-16/17; AB 1992-5; Architectuur Rotterdam 1970-1995, 1995

1. A. Bonnema - Hoofdkantoor Nationale Nederlanden, 1986-1991; **2.** J. Hoogstad - Hoofdkantoor Unilever, 1988-1992; **3.** J. Hoogstad - Woongebouw, 1988-1990; **4.** H. Klunder - Kantoor/woongebouw, 1982-1990; **5.** H. Klunder - Weenahuis, 1983-1987; **6.** C. Dam - Woongebouw, 1981-1984; **7.** W. de Kooning - Kunstwerk; **8.** ZZ&P - Kantoorgebouw Stad Rotterdam, 1985-1990; **9.** H.A. Maaskant, F.W. de Vlaming - Hilton Hotel, 1960-1964; **10.** P.B. de Bruijn (Architecten Cie) - Parkeergarage, 1987-1988; **11.** J.J.M. Klompenhouwer (Brouwer Steketee) - Kantoorgebouw, 1986-1993; **12.** H.A. Maaskant - Weenagebouw, 1966-1968; **13.** Ellerman, Lucas, Van Vugt - Plazacomplex, 1984-1992

Het Weena was jarenlang een open vlakte in het centrum. Nadat in de jaren zeventig en tachtig verschillende plannen en modellen de revue zijn gepasseerd, wordt binnen een tijdsbestek van vijf jaar door middel van op Amerikaanse leest geschoeide hoogbouw een grootstedelijke boulevard gecreëerd. Hierbij is het straatprofiel versmald door twee rijen bebouwing aan de noordzijde, gedeeltelijk over de metrobuis, en een nieuwe bebouwingsrij vóór de bestaande kantoren aan de zuidzijde. Het woongebouw van Cees Dam op de hoek van het Hofplein is de eerste aanzet tot deze vernieuwing. Het vormt samen met het tegenoverliggende Hiltonhotel een brede entreezone voor de boulevard. De woon/kantoortoren van Henk Klunder aan de noordzijde in de as van de Lijnbaan was als eerder ontwerp onder de naam 'de ponskaart' lange tijd een heet hangijzer. Met de, minder hoge, realisatie van de uiteindelijk ronde versie wordt de hoogbouwangst die Rotterdam in de jaren zeventig in haar greep had definitief overwonnen en de weg vrijgemaakt voor een woontoren van Hoogstad en het hoofdkantoor van Nationale Nederlanden 'De Delftse Poort' van Bonnema, met 150 m. het hoogste gebouw van Nederland. Vermeldenswaard is nog het nieuwe hoofdkantoor van Unilever van Jan Hoogstad. De kracht van het Weena is echter niet gelegen in de architectonische kwaliteit van de individuele gebouwen, maar in het daadkracht en vernieuwingsdrang uitstralende stedebouwkundige geheel.

▮ The Weena had for years been an empty expanse in the city centre. A succession of plans during the seventies and eighties having come and gone, it finally took no more than five years to erect a metropolitan boulevard lined with highrise American-style. To this end, the street profile has been narrowed by two rows of development on the north side, partly above the metro tube, and a new row of development in front of the existing offices on the south side. Cees Dam's apartment building on the corner of Hofplein was the first step in this renewal process, and frames together with the Hilton Hotel opposite a generous entry zone for the boulevard. The housing and office tower by Henk Klunder on the north side on the axis of the Lijnbaan shopping precinct was long a bone of contention in an earlier design dubbed the 'punchcard'. The tubular, less-tall version eventually built brought an end to the highrise phobia that had dogged Rotterdam in the seventies, freeing the way for Hoogstad's residential tower and Abe Bonnema's Nationale Nederlanden headquarters, at 150 m. Holland's tallest building. Also worthy of note is the new Unilever headquarters by Jan Hoogstad. However, the power of the Weena lies not in the architectural quality of the individual buildings, but in the whole of its planning, demonstrating energy and a pioneering spirit.

005 CONCERTGEBOUW/CONCERT CENTRE DE DOELEN

Schouwburgplein

E.H.A. & H.M. KRAAIJVANGER, R.H. FLEDDERUS | 1955-1966

Bouw 1966 p.1405, 1825; Architectuur Rotterdam 1945-1970, 1993

Het concertgebouw heeft een vierkante plattegrond waarin diverse hoofdvormen zijn geplaatst. Als reactie op het zakelijke stadscentrum is in het uiterlijk gezocht naar de expressie van cultuur. Naast de koperbekleding van de dakopbouwen dient hiervoor met name de natuurstenen siergevel. Dit rasterwerk van balken en kolommen oogstte weinig waardering: de constructief onlogische siergevel suggereert drie etages waar er één of twee zijn.

▪ This, Rotterdam's concert hall, has a square plan into which a number of principal volumes have been inserted. Reacting against the functional town centre, its appearance was intended as an expression of culture, hence the copper facing of the roof structure and more particularly the stone ornamental facade. This grid of beams and posts has been little appreciated - the structurally illogical facade suggests three storeys rather than one or two.

006 RIJNHOTEL, AMVJ-GEBOUW

Schouwburgplein

MERKELBACH & ELLING | 1949-1959

P.J. Elling (proj.), J. Kromhout (medew.)

Bouwkundig Weekblad 1961 p.349; La Technique des Traveaux 1961 p.345

Het gebouw bestaat uit een hoogbouw met 140 hotelkamers, een lager blok met een jeugdhotel (kleinere kamers met gemeenschappelijk sanitair) en een laagbouw met restaurant en congres- en sportaccommodatie. Deze algemene ruimtes zijn tegenwoordig in gebruik als kantoorruimte en bioscoop. Het betonskelet is hoofdzakelijk bekleed met een verfijnde aluminium vliesgevel. In de gevel aan de Mauritsweg is vorm gegeven aan de confrontatie van een orthogonale hoofdopzet met een stomphoekige stedebouwkundige situatie. Bij een renovatie in 1988 zijn de hotelkamers in het hoofdgebouw vergroot en is de vliesgevel vervangen door een onderhoudsarme gevel met sandwichpanelen.

▪ This complex consists of a high-rise block of 140 hotel rooms, a less-tall block containing a youth hostel (smaller rooms with communal wash and toilet units) and a low-rise block of restaurant and facilities for meetings and sports, at present housing offices and a cinema. The concrete frame is faced mainly with a refined aluminium membrane. The Mauritsweg facade expresses the confrontation of an orthogonal plan with its obtuse angled urban site. During renovations carried out in 1988, hotel-rooms in the main block were enlarged and the curtain wall was replaced by an easier-to-clean cladding of sandwich panels.

007 WOONGEBOUW/HOUSING BLOCK

Schouwburgplein

E. HARTSUYKER, L. HARTSUYKER-CURJEL | 1980-1985

Bouw 1986-6

Het Schouwburgplein is met dit woongebouw aan een zijde afgedicht. Het gebouw bestaat uit een winkel- en horecalaag, een kantoorlaag en zes lagen appartementen. De corridorontsluiting en woningplattegrond zijn afgeleid van de Unité d'Habitation van Le Corbusier. Het gebouw heeft een skelet van betonnen schijven. De opbouw van het gebouw komt met name in de kopgevels tot uiting.

▪ Closing off the Schouwburgplein on one side this 'housing dock' comprises a ground floor of shops, restaurants, etc., one storey of offices and six of apartments. Both corridor and dwelling layouts derive from Le Corbusier's Unité d'Habitation. Supported by a frame of concrete piers, the building expresses its composition most in the head elevations.

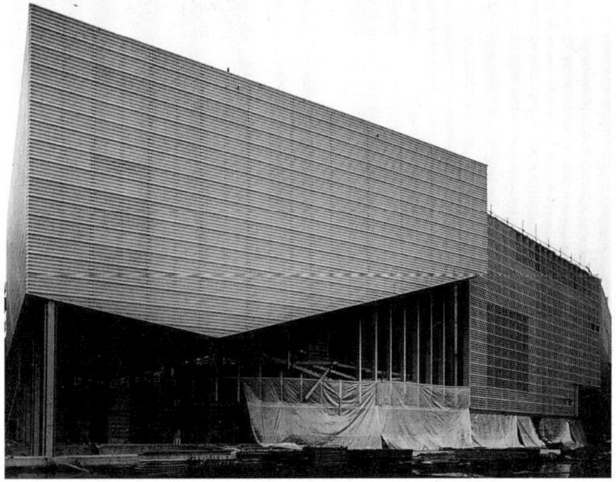

008 SCHOUWBURG/THEATRE
Schouwburgplein
W.G. QUIST | 1982-1988
G. Rickey, J. van Munster (b.k.)
de Architect 1988-6; A. van der Woud - Wim Quist Projecten 87-92, 1992; Architectuur Rotterdam 1970-1995, 1995

Een krap budget en een moeizame situering vormen de randvoorwaarden voor deze vervanger van de naoorlogse noodschouwburg. Vanwege de lichttoetreding naar de woningen is de 34 m. hoge toneeltoren aan de pleinkant geplaatst. De plattegrond is symmetrisch van opzet; vanuit de entree onder de toneeltoren voeren statige lange trappen langs de zaal naar de foyer aan de achterzijde, een interessant ruimtelijk geheel met bordestrappen, galerijen en vides. Quists nuchterheid en terughoudendheid overheersen in exterieur en interieur, zelfs in de grijs met rode grote zaal.

▮ The tightest of budgets and an awkward site were the limiting conditions for this building, which replaces the postwar temporary theatre. To permit continued light penetration to the housing there the 34 m. high fly tower was placed at the front. The plan has a symmetrical layout: from the entrance below the fly tower long stately stairs lead past the auditorium to the foyer at the rear, an interesting spatial totality of landings, galleries and voids. Quist's soberness and restraint dominates both inside and outside, even in the grey and red main auditorium.

009 MEGABIOSCOOP/MEGA-CINEMA
Schouwburgplein
K.J. VAN VELSEN | 1992-1996
de Architect thema oct 1995, 1996-4

Dit bioscoopzalencomplex met zeven zalen is gebouwd op de bestaande parkeergarage, waardoor het gebouw ultra-licht moest worden geconstrueerd. De draagconstructie is van staal en afgezien van de staalplaat-betonvloeren zijn verder lichte materialen als gips- en golfplaat toegepast. Vier grote zalen worden door middel van stalen kolommen opgetild boven een groot foyergebied met daaronder drie kleinere zalen. Door het optillen van de grote zalen, zodat de pleinruimte in de foyer doorloopt, en door de wijkende lijnen van de zalen te benadrukken is getracht de massaliteit van het gebouw te verminderen. Het gebouw is voor een groot deel ingepakt met transparante golfplaten.

▮ This complex of seven cinema auditoria sits atop the existing parking garage, necessitating a building of the lightest construction. The loadbearing structure is of steel and apart from the steel plate reinforced concrete floor slabs, carries lightweight materials such as gypsum board and corrugated sheet. Steel columns bear aloft four big auditoria above a large foyer zone beneath which are a further three smaller auditoria. Raising the big auditoria lets the square continue on into the foyer and stresses the deviating lines of the auditoria, the overall aim being to lessen the effect of great mass. Much of the building is wrapped in transparent corrugated sheet.

010 HERINRICHTING/REDESIGN OF SCHOUWBURGPLEIN
Schouwburgplein
ADRIAAN GEUZE, WEST 8 | 1992-1996
Casabella 1993-1/2; de Architect 1991-4, 1993-3; B. Lootsma - Adriaan Geuze West 8, 1995

In 1990 wordt een voorstel van landschapsarchitect Adriaan Geuze voor de herinrichting van het Schouwburgplein aangenomen. Het plein wordt als podium gezien en 35 cm boven straatniveau getild; door onder de rand verlichting aan te brengen lijkt het te zweven. Het plein wordt in een drietal functionele zones met verschillende bestrating verdeeld, zoals een lichte metalen afwerking voor het grootste middendeel voor zwaardere activiteiten. Aan de oostzijde wordt op een zone van hout en rubber een verblijfszone gecreëerd met terrassen, verlicht door vier hydraulische lichtmasten. De derde zone met epoxy gietvloer ligt voornamelijk in de schaduw.

▮ In 1990 a proposal by landscape architect Adriaan Geuze for the redesign of Schouwburgplein was accepted. In it the square is conceived as a podium raised 35 cm above street level, lighting installed in this space giving it an effect of floating. The square is divided into three functional zones each with its own type of paving, the largest zone in the centre finished in light metal so as to support more robust activity. The one to the east of wood and rubber is a gathering space complete with pavement cafés and lit by four hydraulic light masts. The third zone of poured concrete levelled with epoxy is largely in shadow.

011 WINKELCENTRUM/SHOPPING CENTRE DE LIJNBAAN
Lijnbaan
VAN DEN BROEK & BAKEMA | 1951-1953/1962-1966
F.J. van Gool/H. Klopma (medew.)
Bouw 1953 p.783, 862; Casabella 1954-aug/sep; Bauen+Wohnen 1955 p.55; J. Joedicke - Architektur und Städtebau, 1963; Architectuur Rotterdam 1945-1970, 1993

012 LIJNBAANFLATS/BLOCKS OF FLATS
Kruiskade; Joost Banckertsplaats; Jan Evertsenplaats
H.A. MAASKANT; H.A. MAASKANT, A. KRIJGSMAN; H.D. BAKKER | 1954-1956
Bouw 1954 p.928; Architecture d'Aujourd'hui 1959/60-dec/jan; La Technique des Traveaux 1960 p.161; Architectuur Rotterdam 1945-1970, 1993

013 WARENHUIS/DEPARTMENT STORE TER MEULEN/WASSEN/VAN VORST
Binnenwegplein
VAN DEN BROEK & BAKEMA | 1948-1951/1976-1977
H.B.J. Lops, J.M. Stokla/G. Lans (proj.)
Bouw 1951 p.246; La Technique des Traveaux 1953 p.87; J. Joedicke - Architektur und Städtebau, 1963; Architectuur Rotterdam 1945-1970, 1993

Na lange aarzeling over plaats en vorm van een nieuw winkelgebied in het centrum van de verwoeste stad, krijgen Van den Broek & Bakema in 1951 de opdracht voor het ontwerp van 65 winkels. De winkels worden gebouwd aan twee kruisende voetgangersstraten in twee lagen. In tegenstelling tot de traditionele Nederlandse winkelstraat, zijn woningen en kantoorruimtes niet boven de winkels geplaatst, maar in aparte gebouwen erachter. Het straatprofiel is hierdoor niet hoog en smal, maar laag en breed. De winkels zijn in een betonskelet geconstrueerd, waarin een flexibele indeling mogelijk is. Scheidingswanden zijn van baksteen. In de regel bestaat een winkel uit twee lagen (boven een kelder), met drie lagen dienstruimtes aan de achterzijde. De winkels zijn 15 tot 20 m. diep; de breedte varieert. De gevels zijn opgebouwd uit geprefabriceerde betonnen stijlen en platen op een stramien van 1,10 m. Voor de gevels loopt een luifel van stalen liggers, opgehangen aan de betonconstructie van de winkels en afgewerkt met naturel gelakte grenen delen. Hier en daar zijn overdekte passages, die te zamen met kiosken, vitrines, bloembakken en de bestrating het voetgangersgebied vorm geven. De winkels worden bevoorraad vanuit een expeditiestraat aan de achterzijde, die eveneens de toegangsstraat voor de woonbebouwing vormt. Deze bestaat uit blokken van resp. drie, dertien en negen lagen, die een gemeenschappelijk groengebied omsluiten. In 1966 wordt de Lijnbaan verlengd tot aan het Binnenwegplein. Hiermee is de koppeling gelegd met een ander belangrijk winkelgebied, gedomineerd door twee eveneens door Van den Broek & Bakema ontworpen winkelgebouwen: H.H. de Klerk en Ter Meulen/Wassen/Van Vorst. Dit laatste gebouw bevat aanvankelijk drie afzonderlijke winkels: een warenhuis, een damesconfectiezaak en een schoenenwinkel. In de gevel is deze driedeling te zien; het interieur was één doorgaande ruimte, slechts gescheiden door glaswanden. Het circa 100 m. lange gebouw heeft aan de oostzijde twee entresols, die met een schuine hoek plastisch uit de gevel steken. Deze uitkragingen zijn aan de verdieping erboven opgehangen. In de gevel zijn de 1,10 m. hoge betonnen gevelbalken zeer beeldbepalend. De baksteenopvullingen zijn door glasstroken gescheiden. Het gebouw is in 1976-1977 uitgebreid met een zijvleugel naar de Lijnbaan en een (in het ontwerp reeds voorziene) extra verdieping. Ter Meulen is in 1993 verbouwd tot megastore. Het winkelgebouw De Klerk heeft als boekwinkel veel van zijn oorspronkelijke ruimtelijkheid teruggekregen. Als prototype van het verkeersvrije winkelcentrum heeft de Lijnbaan overal ter wereld navolging gekregen. De unieke stedebouwkundige opzet van voetgangersgebied, expeditiestraat en hoogbouw aan woonhoven heeft een van de weinige geslaagde vormen van stedelijk wonen opgeleverd, en blijkt ook kantoorkolossen uit de jaren zeventig moeiteloos te incorporeren. De flexibele winkelindelingen, de eenvoudige systematische architectuur en de met zorg vormgegeven voetgangersstraat hebben vele generaties interieurarchitecten en winkeldecorateurs doorstaan

▮ In 1951, after much hesitation over the site and form of a new shopping precinct in the centre of the devastated city, Van den Broek & Bakema were commissioned to design 65 shops. These were built in two levels along two intersecting pedestrian streets. Unlike the traditional Dutch shopping street, dwellings and office space were not placed above the shops but behind them in sepa-

rate blocks. The street profile, rather than being tall and narrow, is accordingly low and broad. The shops have a concrete frame, al-lowing for flexible subdivision of their interiors. Partition walls are of brick. As a rule one shop consist of two levels (above a cellar), with three levels for staff at the back. All shops are 15 or 20 m. deep, but of varying width. Facades are built up of prefabricated concrete posts and panels using a basic measurement of 1.10 m. In front of the facades is an awning of steel girders, suspended from the concrete frame and with a finish of varnished red deal. Arcades at various points, kiosks, shop-windows, flower-pots and paving together give the pedestrian precinct its character. All shops take in stock from a service road at their rear which also serves as access road for the precinct's housing, contained in blocks of three, thirteen and nine storeys respectively, each enfolding a communal green space.
In 1966 the Lijnbaan was extended to Binnenwegplein, there to join up with another important shopping area dominated by two more blocks of shops by Van den Broek & Bakema: H.H. de Klerk, and Ter Meulen/Wassen/Van Vorst. The latter block originally comprised three quite separate shops - a department store, a ladies' clothes shop and a shoe-store. This tripartition is visible in the facade, though the interior was one continuous space separated only by glass partitions. At the east end of this ca. 100 m. long block are two entresols, which project sculpture-like from the acute-angled corner of the facade.
These cantilevers are suspended from the level above. In the facade, concrete beams 1.10 m. in height constitute a dominant visual element. Brick infills are separated by glass strips. In 1976-1977 the building was extended with a lateral wing to the Lijnbaan, and with an extra level (provided for in the design). In 1993 Ter Meulen was converted into a mega-store. The De Klerk complex has regained much of its original spaciousness as a bookshop.
As prototype of a traffic-free shopping centre the Lijnbaan has been imitated all over the world. Its unique urban design layout of pedestrian precinct, service road, and high-rise housing with courtyard has produced one of the few successful forms of urban accommodation, a form seemingly able to absorb without effort even the vast office slabs of the seventies.
The flexible subdivision of shops, the simple systematic architecture and the carefully shaped pedestrian street have managed to survive several gene-rations of interior designers and shop decorators.

014 NIEUWE DELFTSE POORT/NEW DELFTSE POORT
Pompenburg
C. KRAAT | 1988-1995

De in 1772 naar ontwerp van Pieter de Zwart gebouwde neo-classicistische Delftse Poort was vanaf de voltooiing een van de bekendste bouwwerken van Rotterdam. In 1939 werd de poort, die om verkeerstechnische redenen van zijn plaats op het Hofplein moest worden verwijderd, steen voor steen afgebroken en voor latere reconstructie opgeslagen. Bij het bombardement werden de resten zodanig beschadigd dat men van restauratie afzag. Ter gelegenheid van de viering van 50 jaar Wederopbouw herrijst een nieuwe Delftse Poort als een geabstraheerd, stalen kunstwerk vlakbij de oorspronkelijke locatie. Het grafische, driedimensionale lijnenspel en de meniekleur waarin het geheel is geschilderd, benadrukken het onaffe karakter van het kunstwerk zelf en van de stad als geheel.

▪ The original Neo-Classical gateway bearing this name was built in 1772 to the design of Pieter de Zwart since when it was one of the most familiar structures in Rotterdam. In 1939 traffic considerations led to its being dismantled brick by brick and moved from its site on Hofplein into temporary storage. It was so severely damaged in the 1940 bombardment that plans to restore it were abandoned. To celebrate fifty years of reconstruction a new Delftse Poort now stands near the original site, this time an abstract steel artwork. The graphic, three-dimensional play of lines and the red lead covering it entirely, only serve to reinforce its air of incompleteness - and that of the city as a whole.

015 POLITIEBUREAU/POLICE HEADQUARTERS
Doelwater/Haagse Veer
M. STRUIJS (GEMEENTEWERKEN) | 1988-1993
Architectuur Rotterdam 1970-1995, 1995

Het bestaande hoofdbureau van politie aan het Haagse Veer is uitgebreid met een v-vormig bouwvolume, dat de vroegere onduidelijke situatie tot een helder stelsel van straten en pleinen hergroepeert. De nieuwe hoofdentree in de punt van de v-vorm is gericht op de Coolsingel. Om ruimte te winnen zijn de zijgevels van de nieuwbouw over de trottoirs heen gebouwd. De arcade die hierdoor ontstaat accentueert de openbaarheid van de publieke functies die in de onderlaag zijn gesitueerd. De bakstenen gevels van het bestaande gebouw zijn voorzien van steenrode isolatiepleister. De oude kapconstructie is vervangen door een zwevend plat dak met grillige contouren.

▪ The original police headquarters on Haagse Veer has been extended with a v-shaped volume that pulls together the former amorphous situation into a lucid system of streets and squares. The new main entry in the tip of the v points towards the Coolsingel boulevard. In the interests of space the side elevations have been built across the pavements. The arcade thus created stresses the public nature of the functions housed at ground level. The brick frontage of the existing building has been insulated with bright red rendering, and the old roof structure replaced with a floating roof deck of eccentric design.

016 RAADHUIS/CITY HALL
Coolsingel 40
H. EVERS | 1912-1920
J. Keller, A.M. Odé (b.k.)
Bouwkundig Weekblad 1913 p. 291; Architectuur Rotterdam 1890-1945, 1991; H. Baaij, J. Oudenaarden - Monumenten uit Rotterdam, 1992

De bouw van raadhuis en postkantoor (017) ging gepaard met het dempen van de Coolsingel en kaalslag van 't Zand, de rosse buurt. In 1913 wordt in een besloten prijsvraag met zeven architecten het ontwerp in neo-renaissancestijl van Henri Evers gekozen, die overigens de prijsvraag voorbereid had. Het gebouw bestaat uit vier vleugels van vier bouwlagen rond een openbaar binnenhof. Het gebouw wordt gedomineerd door een 71 m. hoge toren boven de centrale hal, een constructie van gewapend beton. In het exterieur overheersen het zandsteen van de gevels en de spitse leien kappen; de trapgevel boven de entree verwijst naar de Hollandse zeventiende eeuw.

▪ The City Hall and the post office (017) were built when the Coolsingel canal was filled in and 't Zand (the red light district) was demolished. In 1913 a limited entry competition among seven architects to design a city hall was won by the Neo-Renaissance submission by Henri Evers, who had in fact organized the competition. The building comprises four wings four storeys high above a public court. Prevailing over the City Hall is a 71 m. high tower above the main lobby, a reinforced concrete structure. The exterior is dominated by sandstone and pointed slate cappings; the stepped gable above the entrance is a reference to 17th-century Holland.

017 POSTKANTOOR/POST OFFICE

Coolsingel 42

G.C. BREMER | 1915-1923

Bouwkundig Weekblad 1919 p.113; Architectuur Rotterdam 1890-1945, 1991; H. Baaij, J. Oudenaarden - Monumenten uit Rotterdam, 1992

Het postkantoor naar ontwerp van rijksbouwmeester Bremer ligt tien meter naar achteren ten opzichte van het stadhuis (016) om een meer bescheiden positie in te nemen. Hierdoor kreeg het postkantoor echter een voorplein zodat een tegengesteld effect werd bereikt. Het sobere neo-classicistische uiterlijk verbergt een verrassend licht interieur, een grote 22,5 m. hoge hal in de breedterichting van het gebouw voorzien van een parabolisch tongewelf van beton met cassettes en bovenlichten. De vier buitengevels van muschelkalksteen zijn vier lagen hoog en afgedekt met een mansardekap.

▪ Designed by the Government Architect G.C. Bremer, the post office is set back ten metres from the building line of the City Hall (016) as a sign of deference. This does gain it a forecourt, which in fact produced quite the opposite effect. The sober Neo-Classical appearance conceals a surprisingly airy interior, a large 22.5 metre high hall set widthways with a toplit parabolic barrel vault in concrete decorated with coffering. Outside, the four shell-limestone elevations reach up four storeys to terminate in a mansard roof.

018 KANTOORGEBOUW/OFFICE BUILDING DE UTRECHT

Coolsingel 75-77

J.J.P. OUD | 1954-1961

W.G. Quist (rest.)

Bouwkundig Weekblad 1962 p.40; Bouw 1963 p.470, 1965 p.739; H. Oud - J.J.P. Oud, Architekt 1890-1963, 1984; Architectuur Rotterdam 1945-1970, 1993

Dit gebouw moest terugliggend op een relatief diep perceel ontworpen worden. Het ging er Oud om 'het gebouw duidelijk en absoluut te scheiden van de belendingen' waartoe hij een gordijngevel spande tussen twee hardblauwe schotten. De gordijngevel van naturel geanodiseerd aluminium is ontworpen op een moduul van 1 x 1 m. Oud past een dubbel-corridorsysteem toe waardoor 'storende' elementen als trappen, toiletten en bergingen tussen de twee kantoorstroken worden geplaatst. Ondanks de zorgvuldigheid, door Quist bij de gevelrenovatie betracht, heeft het gebouw veel van zijn oorspronkelijke zeggingskracht verloren.

▪ This building had to be set back on a comparatively deep site. What concerned Oud was ensuring 'a clear, total separation from its neighbours', to which end he spanned a curtain wall between two bright blue screens. Of natural anodized aluminium, the curtain wall follows a module of 1 x 1 m. Oud introduced a double corridor system stairs, toilets and storerooms sandwiching between two rows of offices, one on the front facade and one at the rear. Despite the great care aspired to by Quist when renovating the frontage the building has lost much of its original eloquence.

019 UITBREIDING/EXTENSION BANK MEES PIERSON

Aert van Nesstraat/Coolsingel

EGM | 1988-1993

R.B. van Erk (proj.)

Bouw 1992-20, 1994-21; Archis 1994-9; Architectuur Rotterdam 1970-1995, 1995

Het uit 1950 stammende traditionalistische gebouw van de Bank voor Handel en Scheepvaart van Van Nieuwenhuizen, Van der Heyden en Moerman fungeert als basis voor een 97 m. hoog kantoorgebouw voor Mees Pierson. De nieuwbouw van deels grijsrode natuursteen en deels glas lijkt volledig autonoom, maar verwijst in details als de medaillonvormige ramen in de betonnen topgevel toch uitdrukkelijk naar het bestaande gebouw. De glasgevel is gestaffeld om bezonning van de terrassen op het Stadhuisplein te waarborgen. Het gebouw is verdeeld in drie stroken van negen meter haaks op de Coolsingel; de eerste zeven lagen van de middelste strook vormen een hoge hal.

▪ The Bank for Trade and Shipping, a traditionalist building from 1950 by Van Nieuwenhuizen, Van der Heyden and Moerman, provided the basis for a 97 m. high office slab for Mees Pierson. Partly clad in rust-coloured stone and partly glazed, the new addition at first seems self-sufficient yet such details as the elliptical windows in the concrete gable are an unashamed reference to the existing building. The facade glazing is stepped so that the pavement cafes on Stadhuisplein are not deprived of sunlight. The building is configured as three nine-metre rows at right angles to the Coolsingel; the first seven floors of the central row contain a tall lobby.

020 KOOPMANSBEURS/STOCK EXCHANGE
Beursplein 37
J.F. STAAL | 1925-1940
Forum 1947 p.259, 275, 1993-aug; Archis 1994-9; Bouw 1994-21

Staal verkrijgt de opdracht door het winnen van een prijsvraag in 1928 waaraan ook J.J.P. Oud meedoet. Het uiteindelijk ontwerp wijkt echter sterk af van het prijsvraagplan. De beurszaal van 90 x 60 m. wordt overspannen door gewelfde stalen liggers, bedekt met betonplaten waarin ronde glastegels zijn opgenomen. De entree wordt gemarkeerd door een ranke klokketoren en een op kolommen geplaatste vergaderzaal voor de Kamer van Koophandel. Een licht gebogen glazen erker biedt uitzicht over de Coolsingel.

▪ Staal received this commission by winning a competition in 1928 also entered by J.J.P. Oud. The ultimate design, however, deviates radically from the competition scheme. The exchange hall of 90 x 60 m. is spanned by arched steel girders, which are clad in concrete panels embedded with round glazed tiles. Marking the entrance is a slender bell-tower and a meeting hall standing on columns for the Chamber of Commerce. A gently curving glass bay window offers a view of the Coolsingel boulevard.

021 WORLD TRADE CENTRE
Beursplein 37
GROOSMAN PARTNERS | 1983-1986
R.B. van Erk, A.H. Verbeek (proj.)
de Architect 1983-3, 1987-6; AB 1987-5; Bouw 1987-11; Archis 1994-9; Architectuur Rotterdam 1970-1995, 1995

Bovenop de beurszaal is een kantoortoren van twintig lagen in de vorm van een afgeplatte ellips evenwijdig aan de Coolsingel geplaatst. De toren rust op een betonnen tafel die wordt gedragen door acht kolommen. Hierdoor is het ruimteverlies in de beurszaal minimaal. De ellipsvorm, de groene kleur van het glas en de aluminium gevelpanelen zijn gebaseerd op vorm- en kleurmotieven in het oorspronkelijke beursgebouw.

▪ Standing above the hall of the Stock Exchange parallel to the Coolsingel is this twenty-storey office block. Shaped like a flattened ellipse it rests on a concrete table held aloft by eight columns, thus minimalizing loss of space within the hall below. Its elliptical shape, green glazing and aluminium cladding panels stem from forms and colours in the original building beneath.

022 WINKELCENTRUM/SHOPPING CENTRE BEURSPLEIN
Beursplein
P.B. DE BRUIJN (ARCHITECTEN CIE) | 1992-1996
Bouw 1995-3

Met een halfopen tunnelverbinding onder de Coolsingel worden twee belangrijke winkelstraten, de Lijnbaan (011) en de Hoogstraat, via het metrostation Beursplein met elkaar verbonden. De 'tunnelwanden' bestaan uit kleine winkels. De operatie heeft verder tot doel de voetgangersstroom over de Coolsingel, die met het gereedkomen van de Erasmusbrug (134) naar verwachting drukker zal gaan worden, te verminderen. De ingreep kende zijn prijs; slachtoffers werden de winkelgebouwen van C&A, Magazijn Kattenburg en HEMA; wellicht geen architectonische hoogstandjes, maar wel beeldbepalende elementen van de wederopbouw van Rotterdam.

▪ Two major shopping malls, Lijnbaan (011) and Hoogstraat, are now linked beneath the Coolsingel care of Beursplein metro station by a half open tunnel. Its walls consist entirely of small shops. The operation is further intended to reduce the stream of pedestrians along the Coolsingel, which is only expected to increase once the Erasmus Bridge (134) is functioning. The scheme has taken its toll: three large stores, C & A, Magazijn Kattenburg and HEMA have had to make way for it, none of them exactly pinnacles of local architecture yet characteristic visual elements of Rotterdam's postwar reconstruction nonetheless.

023 WARENHUIS/DEPARTMENT STORE DE BIJENKORF

Coolsingel 105
M. BREUER, A. ELZAS | 1955-1957
N. Gabo (b.k.)
Bouwkundig Weekblad 1957 p.393; Architectural Design 1958 p.257; Marcel Breuer, buildings and projects 1921-1961, 1961; Architectuur Rotterdam 1945-1970, 1993

In tegenstelling tot de oude Bijenkorf van Dudok is deze naoorlogse versie als een vrijwel gesloten doos uitgevoerd. Een kolomafstand van 12 m. garandeert een optimale indeling van de verkoopruimte. De gevel is bekleed met raatvormige in twee richtingen gefrijnde travertinplaten met spleetvensters; er zijn grotere ramen bij het restaurant en de kantoren. Omdat Breuer weigert de vorm van zijn gebouw aan te passen aan de dubbele rooilijn van de Coolsingel, wordt een plastiek van Gabo voor het gebouw geplaatst.

▪ Unlike the former Bijenkorf ('Beehive') designed by Dudok, this postwar version of the department store was executed as an almost completely enclosed box. A column grid of 12 m. ensures optimum subdivision of the sales area. Front and rear elevations have a honeycomb cladding of hexagonal travertine panels with horizontal and vertical fluting and slits of fenestration. There are larger windows for the restaurant and offices. Because Breuer refused to conform to the double building line of the Coolsingel, a monumental sculpture by Gabo was placed in front of the building.

024 DE NEDERLANDEN VAN 1845

Meent 88/Westewagenstraat
W.M. DUDOK | 1942-1952
J. Dijkman, H. Kossmann (int.)
Architectuur Rotterdam 1945-1970, 1993

Pas door de opening van een grand-café in dit voormalige verzekeringskantoor kwam dit gebouw van Dudok onder de aandacht. Het naoorlogse werk van deze tussen traditionalisme en functionalisme balancerende architect wordt, misschien wel ten onrechte, als minder interessant gezien. Het gebouw bevat een 6 m. hoge onderbouw en vier lagen maisonnettes, afgedekt door een gebogen betonnen schaaldak. Op de begane grond overheerst de slechts door ronde kolommen onderbroken en van grote glazen puien voorziene 6 m. hoge personeelsruimte. De voormalige entreezone aan de Meent heeft een tussenverdieping.

▪ It was only when a 'grand café' was opened in this former insurance office that this building designed by Dudok came into the public eye. The postwar work of this architect who trod the dividing line between traditionalism and functionalism is regarded as being of lesser significance, most probably without justification. The building combines a 6 m. high base with four levels of maisonettes, the whole topped by a curved concrete shell roof. The ground floor is dominated by the 6 m. high staff hall enlivened only by round columns and large areas of glass. The former entry zone on the Meent boasts a mezzanine.

025 ERASMUSFLAT/HBU

Coolsingel 104
W.M. DUDOK | 1938-1939
Kraaijvanger Architecten (uitbr.)
Wonen-TA/BK 1980-5/6; Architectuur Rotterdam 1890-1945, 1991

Dit twaalf verdiepingen hoge kantoorgebouw dient als visuele afsluiting van de Coolsingel. Boven een plint van zwart graniet zijn de gevels in geglazuurde bakstenen uitgevoerd. De laagbouw is op kolommen geplaatst, zodat het erachter gelegen Schielandshuis met tuin zichtbaar blijft. De zakelijke architectuur is een gevolg van de zakelijke opgave, maar vertoont, kenmerkend voor Dudok, toch decoratieve accenten.

▪ This twelve-storey office block, its elevations rising out of a black granite plinth, marks the end of the Coolsingel. Its low-rise section is on columns to retain a view through of the Schielandshuis and its garden. This objective architecture is the result of functional requirements, yet displays Dudok's characteristic decorative touches.

026 KANTOORGEBOUW/OFFICE BUILDING ROBECO

Coolsingel 120

W.G. QUIST | 1987-1992

Architectuur in Nederland. Jaarboek 1990-1991; A. van der Woud - Wim Quist Projecten 87-92, 1992; Bouw 1992-20

De hoogbouw voor het beleggingsfonds Robeco staat op de hoek van het Churchillplein, maar volgt de richting van het oude stratenplan zoals bij het nabijgelegen HBU-gebouw (025) en het Schielandshuis. De hoogtes van deze beide gebouwen keren in de lagere bouwdelen terug. De uitbouw richting Schielandshuis is van spiegelend glas, de toren is verder met zwartgroen graniet bekleed. De onopvallende, sobere gevel heeft een logische, eenvoudige en een subtiele detaillering. Door de profilering van de net niet vlakke gevels ontstaan een soort pilasters die met de arcade als 'basement' en de gesloten 'kroonlijst' een bijna klassieke, Miesiaanse wolkenkrabber vormen.

▪ This high-rise development for the Robeco investment trust is set on the corner of Churchillplein but follows the direction of the old street plan as do the nearby HBU building (025) and Schielandshuis. The heights of both these buildings are echoed in the less-tall volumes of the new slab. The section jutting towards the Schielandshuis is of reflecting glass, the tower is otherwise clad in dark green granite. Its unassuming restrained elevation has a logical, simple and subtle detailing. The profile of the elevations, which are almost but not quite two-dimensional, generates a pilaster effect that combines with the basement-like arcade and the blank walled 'cornice' into a near Classical, Miesian skyscraper.

027 BANKGEBOUWEN/BANK PREMISES

Blaak 34 (Nederlandsche Handelsmaatschappij); Blaak 28 (Twentsche Bank); Blaak 40 (Amsterdamse Bank/Incassobank)

C. ELFERS; A.J. VAN DER STEUR, B. HOOYKAAS, B. VAN DER VEEN; E.H.A. & H.M. KRAAIJVANGER | 1947; 1949; 1946-1950

Bouwkundig Weekblad 1951 p. 25, 221; La Technique des Traveaux 1951 p. 337; Architectuur Rotterdam 1945-1970, 1993

Hoewel de wederopbouw van Rotterdam wordt gedomineerd door zakelijke architectuur zijn de eerste gerealiseerde gebouwen na de oorlog deze traditionele bankgebouwen. Om een monumentale wand langs de Blaak te creëren hebben de gebouwen vrijwel identieke bouwvolumes en liggen ze aan dezelfde rooilijn. Het meest expressieve gebouw, de Incassobank van de Kraaijvangers, bestaat uit een betonskelet bekleed met baksteen. Op een hoek is een cilindervormige bouwmassa geplaatst met hoofdentree en trappenhuis en op het dak de personeelskantine.

▪ Although the postwar rebuilding of Rotterdam was dominated by 'objective' architecture, the first new buildings to emerge after the war were these traditional bank premises. Almost identical in volume, they share the same building line so as to present a monumental urban elevation along the Blaak. The most expressive of the two, the Incassobank designed by the brothers Kraaijvanger, combines a concrete frame with brick cladding. At one corner is a cylindrical volume containing the main entry and stair and a rooftop staff cafeteria.

028 BLAAK OFFICE TOWER

Blaak

MURPHY/JAHN ARCHITECTS | 1990-1996

Inbo (medew.)

Bouw 1992-20; Archis 1993-1

Deze kantoortoren naar ontwerp van de Duits/Amerikaanse architect Helmut Jahn is gebouwd op de plaats van het in het bombardement gespaard gebleven Gerzon-gebouw. Deze hoogbouw naar Amerikaans model reageert door middel van een lage uitbouw en een betonnen 'vakwerk' op het vlakbij gelegen Schielandshuis. Door de afronding naar de Blaak wordt de zelfstandigheid benadrukt. Ook in de bekroning van het gebouw is een betonnen vakwerk gebruikt.

▪ Built to a design by the German-American architect Helmut Jahn the Blaak Office Tower stands on the site of the Gerzon building which had managed to survive the 1940 bombardment. This American-style high-rise block responds to the nearby Schielandshuis with a low annex and a concrete 'grid' and is rounded towards the Blaak to underline its independence. The cornice resorts to a similar concrete gridwork.

029 MARITIEM/MARITIME MUSEUM PRINS HENDRIK
Leuvehaven 1
W.G. QUIST | 1981-1986
J. Nieskens, J.G. Verheul (medew.)
Wonen-TA/BK 1982-6; Plan 1983-6; de Architect 1986-12; Werk/Bauen+Wohnen 1987-1/2; Bouw 1987-12; Architecture d'Aujourd'hui 1988-6

Het museum staat op één van de markantste punten van de stad, twee belangrijke boulevards komen hier samen bij de Leuvehaven. Hoofdvorm van het museum is een over de diagonaal gehalveerd vierkant blok dat zich met zijn schuine zijde richt op de haven. Een dubbelhoge tentoonstellingsruimte is aan de schuine zijde half onder het blok geschoven. Stalen hellingbanen leiden naar de verdieping met tentoonstellingsruimtes, een bibliotheek en een dakterras met uitzicht op de haven.

▮ This museum is situated at one of the town's key points, where two major boulevards meet at Leuvehaven. Its basic structure is one half of a square bisected along the diagonal with its oblique side towards the harbour. Half tucked in under this side is a double-height exhibition area. Steel ramps lead to an upper level containing exhibition space, a library and a roof terrace overlooking the harbour.

030 HOTEL, IMAX THEATER/CINEMA
Leuvehaven 80
TUNS + HORSTING | 1986-1989
AB 1989-11; Bouw 1990-16/17; Architectuur Rotterdam 1970-1995, 1995

Het complex bestaat uit een hotel, een expositie- en kantoorgedeelte en een grootbeeldtheater met een scherm van 23 x 19 m. Het gebouw volgt zowel de schuine rooilijnen van de stedebouwkundige situatie als de eigen orthogonale maatsystematiek, wat tot een interessante hoofdvorm heeft geleid. Het hotel bestaat uit zes verdiepingen met elk 25 tweepersoonskamers, een restaurant op de begane grond en een conferentiegedeelte met zwembad en skybar op de bovenste uitkragende verdieping.

▮ The complex brings together a hotel, an exhibition and office section and a wide-screen cinema (screen dimensions 23 x 19 m.). It obeys both the slanting building line of its urban setting and its own orthogonal grid, hence the intriguing basic form. The hotel rises six storeys, each with 25 double rooms, a restaurant on the ground floor and a conference section with a swimming pool and 'sky bar' on the projecting topmost level.

031 MAASTORENFLAT/BLOCK OF FLATS
Vasteland/Zalmhaven
H.D. BAKKER | 1955-1956
J. Hoogstad (medew.)
Architectuur Rotterdam 1945-1970, 1993; Polytechnisch Tijdschrift Bouwkunde 1956 P.614; Bouwkundig Weekblad 1957 p.5; Baumeister 1958 p.234

Deze veertien verdiepingen tellende hoogbouw vormt een markante begrenzing van het 'Venster op de Rivier' uit het Basisplan van 1946. Vanwege de buitendijkse situering zijn de onderste lagen bestemd voor kelders, archiefruimte en een showroom. Op deze sokkel zijn twee kantoorlagen gebouwd in een verticaal gelede uitbouw. De gevels zijn levendig door de combinatie van betonelementen en baksteen, de ritmiek en maatvoering van de herhalende elementen en de expressief vormgegeven betonnen noodtrap aan de noordgevel.

▮ This fourteen-storey tower block conspicuously marks off the 'Window on the River', a component of the 1946 Basisplan for Rotterdam. Being sited beyond the former dikes the lowest levels are for cellars, archives and a showroom. From this plinth rise two levels of offices with a powerful vertical thrust. The elevations are enlivened by their combination of concrete cladding panels and brick, the rhythm and dimensions of the repeating elements and the expressively shaped concrete emergency stair on the north side.

032 HERONTWIKKELING/REDEVELOPMENT HET NIEUWE WERK

Zalmhaven

VAN BERKEL & BOS, DKV | 1992-1996

Met de aanleg van de nieuwe Erasmusbrug (134) en de demping van de Zalmhaven is de weg vrij gemaakt voor de ontwikkeling en stedelijke verdichting van het 'Nieuwe Werk'. Rond en onder de aanlanding van de Erasmusbrug worden door de architect van de brug, Ben van Berkel, een parkeergarage en een kantoor en aanlandingssteiger voor de Spido aangelegd. De contouren van de gedempte haven blijven als park zichtbaar. Langs de noordzijde van het park wordt een langgerekt, horizontaal gearticuleerd woongebouw van DKV gerealiseerd.

▪ With the Erasmus Bridge (134) in place and Zalmhaven filled in, the way has been cleared to develop and build up the resulting urban space. The bridge's architect, Ben van Berkel, has designed below and around the shore bridge a parking garage and an office and landing stage for the Spido pleasure boat company. The contours of the filled-in harbour basin are recognizable in the park designed there. Projected along the north side of the park is an elongated and horizontally articulated apartment building by the DKV office.

033 KANTOORGEBOUW/OFFICE BUILDING WILLEMSWERF

Boompjes

W.G. QUIST | 1983-1989

Wonen-TA/BK 1984-3; de Architect 1988-9; A. van der Woud - Wim Quist, architect, 1989; Architectuur in Nederland. Jaarboek 1988-1989; Architectuur Rotterdam 1970- 1995, 1995

Op een onmogelijk stuk stedebouwkundige restruimte wordt op vijf parkeerlagen een kantoorgebouw van zestien lagen gebouwd. Op de onderbouw met een vrijstaande dubbele schroefvormige parkeeroprit is een rechthoekige schijf geplaatst met betegelde betonplaten en een wig-vormige vliesgevel. De stabiliteit wordt verzekerd door twee l-vormige betonschijven in de achtergevel waarin liften en trappen zijn opgenomen. De rijweg aan de achterzijde loopt onder het gebouw door.

▪ Occupying an impossible piece of urban leftover space are these sixteen levels of offices above a five-storey car park. Rising above the understructure with its free-standing double screw-shaped car park entrance is a rectangular slab with tiled concrete panels and a wedge-shaped curtain wall. Two l-shaped concrete piers in the rear elevation ensure stability and contain vertical circulation. The road at the rear runs beneath the building.

034 INRICHTING/REDEVELOPMENT BOOMPJES; RESTAURANT

Boompjes

K.W. CHRISTIAANSE; MECANOO | 1989-1990

- ; E. van Egeraat (proj.)

de Architect 1991-2; AMC 1991-20; Architectuur in Nederland. Jaarboek 1990-1991; Architectuur Rotterdam 1970-1995, 1995

Pas nadat de binnenstad van Rotterdam zijn voltooiing naderde, werden de potenties van de Maasoever erkend en benut. De spectaculaire hoogbouw aan de Boompjes (033) kreeg langs het water een pendant door de nieuwe indeling van Christiaanse: een zwarte terrazzo arcade met een tribune naar het water. Het frivool vormgegeven horecapaviljoen van Mecanoo is een integraal onderdeel van dit nieuwe straatprofiel, en heeft, evenals de speciaal ontworpen zitelementen van Victor Mani, een bij de havenactiviteiten aansluitende vormgeving.

▪ Only once the completion of Rotterdam's city centre was in sight was the potential of the banks of the Maas recognized and exploited. In the new arrangement the spectacular high-rise on the Boompjes boulevard (033) following the north bank gained a counterpart along the water, a black terrazzo arcade which steps down to the river. The playfully designed café-restaurant by Mecanoo is an integral component of Christiaanse's new street profile: its form, and that of the specially designed seating by Victor Mani, relates it to harbour activities.

035 STATION BLAAK
Blaak
H.C.H. REIJNDERS | 1987-1993
M. Haring (medew.), L. Vákár (constr.)
Bouwen met Staal 1993-114; Bouw 1993-21; Architectuur Rotterdam 1970-1995, 1995

De Spoortunnel vervangt in 1993 het negentiende-eeuwse Luchtspoor, waardoor station Blaak in plaats van verhoogd nu ondergronds is gesitueerd. Vanwege de sterke luchtstromen vanuit de tunnel is gekozen voor een ruime, open verbinding tussen perrons en buitenlucht. Als overkapping hiervan en mede om het NS- en metrostation te markeren is een transparante schotel met een diameter van 35 m. aan een boogconstructie scheefgehangen. De schotel is uitgevoerd als ruimtelijk frame, opgebouwd uit driehoekige elementen en afgedicht met behulp van kunststof platen. De boog bestaat uit een driehoekige vakwerkligger; de ophanging geschiedt door twee buizen met elk drie spandraden.
▪ When the 19th century overhead railway was replaced in 1993 by a tunnel, Blaak Station, rather than being raised up, was tucked underground. Powerful air currents from the tunnel were the reason for choosing a broad direct link between platforms and the open air. Covering this and marking the mainline and metro stations is a transparent dish 35 m. in diameter slung obliquely from an arciform structure. The dish, suspended by means of two tubes with three stays apiece, is a space frame of triangular elements sealed off with plastic panels; the arch structure is a triangular lattice truss.

036 PAALWONINGEN, BLAAKOVERBOUWING/POLE DWELLINGS, BLAAK HEIGHTS
Blaak/Spaansekade
P. BLOM | 1978-1984
Plan 1985-1; Bouw 1985-20; Architecture+Urbanisme 1985-11; Architectuur Rotterdam 1970-1995, 1995

Deze overbouwing van een drukke verkeersweg vormt de apotheose in de paalwoningencyclus van Blom die ooit startte in Helmond. De voetganger wordt hier verkeersvrij langs paalwoningen, winkeltjes en twee grote kantoorruimtes naar de bebouwing aan de Oude Haven geleid. Daar is geprobeerd d.m.v. hoge dichtheden en een mediterrane vormentaal sfeer en gezelligheid te scheppen. Aan de voet van de brug staat een woontoren, het 'potlood', een voorlopig hoogtepunt in de bizarre wereld van Piet Blom.
▪ Straddling a busy main road, this structure forms the climax of Blom's series of 'paalwoningen' (pole dwellings), once started in Helmond. Here the pedestrian is led without fear of traffic past paalwoningen, shops and two larger office spaces to the Oude Haven beyond. There, a high structural density and a Mediterranean vernacular aim to evoke warmth and conviviality. At the foot of the bridge is a residential tower block, known as the Pencil, a provisional high point in the bizarre world of Piet Blom.

037 CENTRALE BIBLIOTHEEK/CENTRAL LIBRARY
Hoogstraat 110
VAN DEN BROEK & BAKEMA | 1977-1983
J. Boot, J.B. Bakema (proj.)
Plan 1983-5; de Architect 1983-9; Bouw 1984-5; Architect's Journal 29-2-1984; Architectuur Rotterdam 1970-1995, 1995

In de nieuwe bibliotheek bevinden zich 250.000 boeken op zes trapsgewijs oplopende verdiepingen, verbonden door roltrappen in een vide onder een 'glazen waterval'. Een kern bevat stijgpunten en opslagruimtes; staf en administratie bevinden zich in een rechthoekig bouwblok. Het plan bevat voorts een krantenzaal, een klein theater en een informatiecentrum. Het plan wordt gedomineerd door een overdadig gebruik van de 45°-hoek in plattegrond en opstand en citaten uit recente architectuur.
▪ Rotterdam's new library contains 250,000 books on six stepped levels reached by escalators in a void below a cascade of glass. A core includes lifts and storage space; staff and administration areas form a rectangular block. The design further includes a newspaper reading-room, a small theatre and an information centre. The whole is dominated by the exuberant use of 45° angles in plan and elevation and quotes from recent architecture.

038 HET WITTE HUIS/THE WHITE HOUSE

Wijnhaven/Geldersekade

W. MOLENHOEK | 1897-1898

S. Miedema (b.k.)

F. Faro - Op het Witte Huis sta je hoger, 1978; de Architect 1982-2; Architectuur Rotterdam 1890-1945, 1991

Met zijn elf verdiepingen en hoogte van 45 m. is dit kantoorgebouw lange tijd het hoogste van Europa. Aangezien deze eerste Nederlandse 'wolkenkrabber' geen skeletconstructie bevat maar is opgebouwd uit dikke dragende wanden (0,40-1,40 m.) met haaks daarop vier lichtere wanden voor de stabiliteit, is de reactie van de vakpers afwijzend. Ook de gevel van geglazuurde baksteen met mozaïeken en beelden wordt als kitsch beschouwd. Toch wordt het gebouw zeer populair in Rotterdam, mede door een openbaar uitkijkplatform op het dak.

▪ Eleven storeys and 45 m. high, this office block was for a long time Europe's tallest office building. Inasmuch as this first Dutch 'sky-scraper' has no skeleton but is built up of loadbearing walls (0.40-1.40 m. thick) criss-crossed by four less-heavy wall partitions for stability, first professional press reports were negative. Its facade, too, of glazed brick with mosaics and sculpture was dismissed as kitsch. Yet this building has become very popular in Rotterdam due partly to the public viewing platform on its roof.

039 SPAARBANK/SAVINGS BANK

Botersloot 25

J.J.P. OUD | 1942-1955

A.A. van Nieuwenhuizen (medew.), A. van den IJssel (b.k.)

Bouw 1951 p.319; H. Oud - J.J.P. Oud, Architekt 1890-1963, 1984; S.U. Barbieri - J.J.P. Oud, 1987; Architectuur Rotterdam 1890-1945, 1991

Het gebouw is gelijktijdig met het BIM gebouw in Den Haag ontworpen, maar pas twaalf jaar later gerealiseerd. Het gebruik van ornament en traditionele architectonische principes is hier veel minder uitgesproken. Evenals bij het BIM-gebouw gebruikt Oud witte handvormsteen en geometrische ornamenten in een streng symmetrische gevel. De centraal geplaatste ingang, voorzien van wanden van glazen bouwstenen, komt uit op een ovale centrale hal. Deze is inmiddels verbouwd. Het gebouw heeft zijn oorspronkelijke functie verloren.

▪ Designed at the same time as the BIM building in The Hague, this one was built twelve years later. Use of ornament and traditional architectural principles are here less pronounced. Just as in the BIM building Oud deployed white hand-formed brick and geometric ornaments in a severely symmetrical facade. An entrance centrally placed with glass block walls emerges in an oval main hall, since altered. The building has lost its original function.

040 UITBREIDING/EXTENSION ST. LAURENSKERK

Grotekerkplein 25

W.G. QUIST | 1976-1981

de Architect 1982-12; Bouw 1982-20

Vijf met zwart natuursteen beklede kubussen vormen de uitbreiding van de door het bombardement van 1940 zwaar gehavende maar inmiddels gerestaureerde St. Laurenskerk. Plaats en schaal van de vrijwel geheel gesloten kubussen sluiten aan op de zijgevel van de kerk waarmee ze door glazen tussenstukken verbonden zijn. Ook de kubussen onderling zijn door glazen tussenleden verbonden zodat de hoogte van de kerkramen zichtbaar blijft.

▪ Five black cubes clad in stone constitute the extension to the St. Laurenskerk, badly damaged in the 1940 bombardment but since restored. The position and scale of the almost completely sealed cubes are geared to the side elevation of the church, the connections to which are executed in glass. The cubes, too, are thus interlinked and are low enough not to obscure the height of the church windows behind.

041 BOUWCENTRUM
Diergaardesingel/Weena
J.W.C. BOKS | 1946-1948/1955-1956
H. Moore (b.k.), Eijkelenboom & Middelhoek (uitbr. 1967-1970)
Bouw 1956 p.305, 1970 p.1066; Architectuur Rotterdam 1945-1970, 1993

Het Bouwcentrum documenteert het bouwen en geeft voorlichting. Aan het zicht onttrokken door kantoor- en expositieruimtes van latere uitbreidingen, ligt het 16-hoekige oude tentoonstellingsgebouw. Vanuit de kern, een paddestoelvloer op acht kolommen, lopen drie betonnen bruggen straalsgewijs naar de rand. Deze rand bevat op de begane grond kantoorruimtes en op de verdieping, langs een uitkragende galerij, gesloten expositieruimtes. De kern is afgedekt met een betonnen koepel met ingelegde glazen bouwstenen. Delen van het Bouwcentrum zijn inmiddels gerenoveerd; de toekomst van het als kantoorruimte fungerende tentoonstellingsgebouw is onzeker.

▪ The Bouwcentrum (Building Centre) documents building and provides information. Hidden from view by offices and exposition areas is the original sixteen-sided exhibition building. From the core, a mushroom floor on eight columns, three concrete bridges extend radially to the perimeter, which on the ground floor contains offices and on the upper floor enclosed exposition areas off a projecting gallery. The core is roofed with a concrete dome with glass bricks laid in. While parts of the centre have since been renovated the future of this erstwhile exhibition building turned office block is uncertain.

042 WOONGEBOUW/HOUSING BLOCK
Kruisplein
MECANOO | 1981-1985
H. Döll, F. Houben, R. Steenhuis (proj.)
Forum 1983-1/2; Plan 1983-3; Architectural Review 1985-1; de Architect 1985-7/8; Bouw 1986-1; K. Somer - Mecanoo, architecten, 1995

Het complex bevat diverse vormen van gemeenschappelijk wonen. Gesitueerd op de brandgrens van het bombardement vormt het in schaal en situering een overgang van de negentiende-eeuwse woonwijk naar het moderne centrum. In de hoogbouw worden de woningen ontsloten vanaf galerijen; een galerij per drie etages. De woon- en gemeenschappelijke ruimtes zijn intern verbonden door trappen in de breedte van de woning. Het gebogen blokje met woningen boven winkels heeft een portiekontsluiting.

▪ This complex for housing young people embraces various forms of communal living. Standing on the perimeter of the bombed-out area it constitutes in scale and siting a transition from nineteenth century housing to modern town centre. The high-rise dwellings are reached from access galleries, one per three storeys. Living and communal spaces are linked internally by stairs placed breadthways. The curved block of dwellings above shops has a porch entrance.

043 RECONSTRUCTIE/RECONSTRUCTION CAFÉ DE UNIE
Mauritsweg 35
J.J.P. OUD | 1924-1925/1985-1986
C.J.M. Weeber (rest.)
Bouwkundig Weekblad 1925 p.236, 370, 397; L'Architecture Vivante 1925-II; H. Oud - J.J.P. Oud, Architekt 1890-1963, 1984; Architectuur Rotterdam 1970-1995, 1995

Reconstructie van de gevel van het tijdens het bombardement van 1940 verwoeste café De Unie. De vlakverdeling en het gebruik van primaire kleuren maken De Unie tot een uitgesproken De Stijl-compositie. De opschriften en lichtreclames zijn gebruikt als volwaardige architectonische middelen om de belangrijkste functie van de gevel te vervullen: de aandacht trekken. De ogenschijnlijke anti-functionalistische, want decoratieve gevel blijkt juist het meest geschikte antwoord op het gestelde probleem.

▪ Reconstruction of the facade of café De Unie, destroyed in the 1940 bombardment. The subdivision of its surface and use of primary colours make De Unie a typical product of De Stijl. Lettering and illuminated signs serve as the architectural means of fulfilling the facade's most important function, namely to attract attention. The decorative, thus apparently anti-functionalist facade really does seem the most appropriate solution to the question posed.

044 STADSVERNIEUWING/ URBAN REDEVELOPMENT OUDE WESTEN
Kruiskade, Nieuwe Binnenweg e.o.
ACTIEGROEP HET OUDE WESTEN, P.P. HAMMEL | 1970-
S.U. Barbieri e.a. - Stedebouw in Rotterdam, 1981; Stadsvernieuwing Rotterdam 1974-1984, 1984; S. van der Gaag e.a. - Het Oude Westen Rotterdam, 1993

1. Studio 8 (B. Hoek) - Woningbouw, 1978; **2.** P.P. Hammel - Wijkgebouw 'Odeon', 1971-1976, 1982; **3.** P. Weeda -Woningbouw, 1984-1986; **4.** J.B. Bakema - Verbouwing theater/bioscoop 't Venster, 1949-1953; **5.** P.P. Hammel - Woningbouw, winkels, hotel, 1975-1977; **6.** Van Wijngaarden (P. Bennehey) - Woningbouw met parkeergarage, 1979-1981; **7.** Loerakker, Rijnboutt, Ruijssenaars (R. Buiter) - Medisch centrum, woningen, 1981; **8.** Girod & Groeneveld (J. Girod) - School, clubhuis, woningen, 1979-1984; **9.** L. de Jonge (R. Roovers) - Renovatie woningen, 1983-1985; **10.** W.G. Quist (C. van Gent) - School, bibliotheek,

woningen, 1982-1984; **11.** De Nijl (H. Engel, C. Scheen) - Woningbouw, 1983-1985; **12.** Gemeentewerken (H. Völker) - Basisschool, 1982; **13.** P. Weeda - Renovatie woningen en bedrijfsruimte, 1983-1986; **14.** De Nijl - Woningbouw, 1983-1985; **15.** P. Weeda - Woningbouw en bedrijfsruimte, 1985-1990; **16.** Atelier PRO - Woningen en winkels, 1993; **17.** Mecanoo - Woningen en winkels, 1984-1990

Het Oude Westen, een negentiende-eeuwse wijk, wordt gekenmerkt door revolutiebouw in lange smalle straten. De langzame verpaupering van de wijk wordt begin jaren zeventig een halt toegeroepen als de bewoners samen met enkele architecten een actiegroep oprichten en de renovatie en herstructurering van de wijk voor de buurtbewoners afdwingen. Geen kaalslag, maar renovaties, opknapbeurten en kleinschalige nieuwbouw met betaalbare huren. Dit proces is inmiddels als 'stadsvernieuwing' geïnstitutionaliseerd. De voortvarendheid van de Rotterdamse aanpak oogst (internationale) lof; architectuur en stedebouw blijven echter achter bij de procedures en leiden tot de negatieve betiteling 'stadsvernieuwingsarchitectuur'. Dwarsverbindingen, wijkvoorzieningen en parkeergarages onder de woningen leiden tot een beter woonklimaat. Diverse vormen van renovatie, waarbij soms alleen de bouwmuren blijven staan, en nieuwbouw komen hier naast elkaar voor.

▮ A 19th century district, the Oude Westen is characterized by long, narrow streets of jerry-building. In the early 1970s its slow decline was called to a halt when inhabitants together with several architects set up an action committee and demanded renovation and restructuring of the district in the interest of its residents. No swathe of demolition, but renovations, restorations and small-scale redevelopment with rents locals could afford. This process has since been institutionalized as 'urban regeneration'. The vitality of this approach received international acclaim; architecture and planning, however, suffered during negotiations, leading to the negative expression 'urban renewal architecture'. Connecting side streets, district facilities and garages below houses have made living conditions more attractive. New-build and various types of renovation, at times retaining only the structural walls, can here be found side by side.

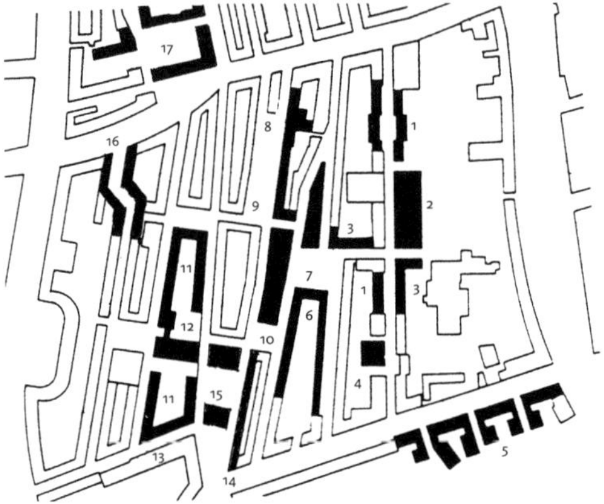

045 SCHOOL, CLUBHUIS/CLUBHOUSE, WONINGBOUW/HOUSING
Josephstraat
GIROD & GROENEVELD | 1979-1984
J.P.H.C. Girod (proj.)
Bouw 1985-9

Een strook van dertien maisonnettewoningen vormt een continue straatwand boven diverse functies. Aan weerszijden van een poort bevinden zich een clubhuis en een basisschool die doorloopt over het binnenterrein. Daarnaast een gymnastieklokaal met gevels van glazen bouwstenen. De puien zijn op diverse plaatsen vrijgehouden van het betonskelet. In kleur, materiaalgebruik en afwerking (trappenhuizen, hekwerk, vide, brievenbussen en naamplaatjes) zijn (post)moderne accenten aangebracht.

▮ Above, a row of thirteen maisonettes form a street wall. Below, next to a portal are a clubhouse and a school which extends back into the courtyard. Next to the school is a gymnasium with a glass brick skin. Glazed lower fronts are at various points held clear of the concrete frame. Colour, use of material and finish (staircases, balustrading, void, letterboxes and name-plates) have a (post)modern touch.

046 WONINGBOUW/HOUSING

Adrianastraat, Van Speykstraat

DE NIJL | 1983-1985

H. Engel, C. Scheen (proj.)

Stadsvernieuwing Rotterdam 1974-1984, 1984; Wonen-TA/BK 1985-23/24; de Architect 1986-2; Bouw 1986-8

Aantal invullingen in een bouwblok, dat onderbroken wordt door een dwarsverbinding met een school/buurthuis. Het blok bevat twee lagen maisonnettes. De bergingen zijn op de begane-grondhoeken geconcentreerd. Door de beplating van de gevels in een gewaagde kleurstelling met ritmische verticalen, worden de individuele woningen ondergeschikt gemaakt aan de totaalcompositie van het bouwblok.

▪ Featured here are a number of infills in a housing block bisected by a passage to a school/community centre. The block comprises two levels of maisonettes with storage space concentrated in the ground floor corners. Bold colours and rhythmic verticals in the facades subordinate individual units to the block's totality.

047 WONINGBOUW/HOUSING

Tiendplein

MECANOO | 1984-1990

E. van Egeraat (proj.)

de Architect 1986-12; Architectuur in Nederland. Jaarboek 1989-1990; K. Somer - Mecanoo, architecten, 1995

Door vervanging van een aantal oude woningblokken is een nieuw besloten plein gecreëerd, bestaande uit een openbaar gedeelte en een iets verhoogd afsluitbaar plein bovenop een parkeergarage. Ter herinnering aan het oude stratenpatroon is een onderdoorgang opgenomen. In totaal 97 woningen zijn gerealiseerd in verschillende bouwblokken, die ondanks verschillend materiaalgebruik toch een eenheid vormen. In het blok langs de Kruiskade zijn op de begane grond winkels opgenomen.

▪ Here a number of old housing blocks have been replaced to create a new urban square combining a public zone and a slightly raised enclosure with locking gate. An underpass has been assimilated in deference to the old street pattern. Altogether there are 97 houses in various blocks which enjoy a unity that belies the varied use of materials. The block along Kruiskade contains shops at ground floor level.

048 WONINGBOUW/HOUSING

Josephstraat/Gaffelstraat

P.D. WEEDA; DE NIJL | 1985-1990; 1985-1991

AB 1992-11

Weeda's blauwzwart gemetselde bouwblok met markant vormgegeven balkons vormt de afsluiting van een buurtplein, aan de andere zijde afgesloten door een gesloten bouwblok met daarin een Turks badhuis, gemarkeerd door een afgerond dak. De woningbouw van De Nijl beslaat een smal langwerpig kavel en bestaat uit een twee stroken woningbouw rond een verhoogd binnenterrein. De overgang van de nieuwbouw naar drie oude gehandhaafd gebleven panden wordt gevormd door een markante lifttoren met trappenhuis.

▪ Weeda's blue-black brickwork block with expressive balconies screens off a neighbourhood square, ending at the opposite side in a perimeter block which includes a Turkish bathhouse, marked by a rounded roof. The housing by De Nijl occupies a long, narrow site and comprises two rows of houses around a raised courtyard. The new development closes ranks with three old retained properties by way of a striking lift shaft cum stair tower.

049 WOONHUIS/PRIVATE HOUSE SONNEVELD

Jongkindstraat 12

BRINKMAN & VAN DER VLUGT | 1929-1933

De 8 en Opbouw 1934 p.77; J. Geurst e.a. - Van der Vlugt, architect 1894-1936, 1983; Architectuur Rotterdam 1890-1945, 1991; Archis 1993-8

Deze villa was bestemd voor een van de directeuren van de Van Nellefabriek (081). De woning bestaat uit een betegelde onderbouw met dienstruimtes en een studio op het zuiden, de woonvertrekken op de verdieping met een raamstrook over de gehele gevelbreedte, en de slaapvertrekken op de tweede verdieping. Zoals alle villa's van Van der Vlugt is ook deze woning voorzien van een dakterras. De draagconstructie bestaat uit een staalskelet. De woning is verbouwd tot kantoorruimte.

▪ This villa was intended for one of the directors of the Van Nelle factory (081). The house has a steel frame and consists of a tiled understructure with services and a studio on the south side, living room on the first floor with a strip of fenestration the entire length of the facade, and bedrooms on the second floor. Like all Van der Vlugt's villas this one, too, has a roof terrace. The whole has been refurbished as an office.

050 CHABOTMUSEUM

Jongkindstraat 20

L. STOKLA | 1938

F.C. de Weger (rest.), Groosman Partners (uitbr.)

Deze oorspronkelijk als woonhuis gebouwde 'witte' villa is een ontwerp van L. Stokla, de voormalige chef de bureau van architect Kromhout. De villa is lichtvoetiger dan de beide nabijgelegen villa's van Van der Vlugt (049, 051) zoals blijkt uit het ronde balkon en luifel en in de vrije compositie, mogelijk door de toepassing van een betonskelet. Nadat het woonhuis jarenlang als kantoor heeft gefunctioneerd is het in 1993 verbouwd tot een museum gewijd aan de Rotterdamse expressionistische schilder/beeldhouwer Hendrik Chabot.

▪ This 'white' villa (originally a private house) was designed by L. Stokla, office manager for the architect Kromhout. The villa has more grace than the two neighbouring houses designed by Van der Vlugt (049, 051), as is demonstrated by the rounded balcony and canopy, and by the free composition facilitated by the concrete frame. The house was used for many years as an office before being remodelled in 1993 as a museum for the work of Hendrik Chabot, an Expressionist painter/sculptor from Rotterdam.

051 WOONHUIS/PRIVATE HOUSE BOEVÉ

Mathenesserlaan 9

BRINKMAN & VAN DER VLUGT | 1931-1933

De 8 en Opbouw 1934 p.77; Bouwkundig Weekblad 1935 p.197; J. Geurst e.a. - Van der Vlugt, architect 1894-1936, 1983; AB 1987-8; Architectuur Rotterdam 1890-1945, 1991

Gezien de slechte bodemgesteldheid is deze villa uiterst licht geconstrueerd. De draagconstructie bestaat uit een stalen skelet. De niet-dragende functie van de gevels wordt gedemonstreerd door een doorlopende glasstrook op de begane grond. Hier bevinden zich de woonvertrekken en een dokterspraktijk. De slaapkamers op de verdieping liggen aan een langgerekte gang en sluiten aan op een balkonstrook over de gehele lengte van de woning. Op het dakterras bevindt zich een gymnastiekkamer.

▪ Because of the poor state of the ground this villa has an extremely lightweight construction. Supported by a steel frame, the non-loadbearing aspect of its facades is expressed by a continuous glass strip on the ground floor. The latter contains living spaces and a doctor's practice. The bedrooms upstairs line an elongated corridor and share a balcony running the entire length of the house. The roof terrace contains a gymnastics room.

052 MUSEUM BOIJMANS VAN BEUNINGEN

Museumpark 18-20

A.J. VAN DER STEUR | 1928-1935

Bouwkundig Weekblad 1929 p.177, 1935 p.269; De 8 en Opbouw 1936 p.106; Architectuur Rotterdam 1890-1945, 1991

Rond een binnenhof liggen in twee lagen tentoonstellingszalen; op de begane grond de kunstnijverheid en op de verdieping de schilderkunst, respectievelijk achter een zandsteen- en een baksteengevel. Deze laatste is 'ter verlevendiging' met twee formaten gemetseld. De toren is om esthetische redenen toegevoegd en bevat bergruimte. Het traditionele, op de Scandinavische architectuur geïnspireerde gebouw met een functionele plattegrond, werd scherp bekritiseerd door Nieuw-Zakelijke architecten.

▪ Ranged around an inner court are two levels of exhibition galleries, applied arts on the ground floor behind a sandstone facade, and painting upstairs with a facade involving two sizes of brick 'for the sake of enlivenment'. The tower was added for aesthetic reasons and contains storage space. This building, traditional, of Scandinavian influence yet with a functional plan, was sharply criticized by architects of the Nieuwe Zakelijkheid ('New Objectivity').

053 UITBREIDING/EXTENSION MUSEUM BOIJMANS VAN BEUNINGEN

Museumpark 18-20

A. BODON | 1963-1972

H. Salomonson (int.)

Bouw 1972 p.1450; M. Kloos - Alexander Bodon, architect, 1990

De nieuwbouw past zich door het gebruik van baksteen aan bij het bestaande gebouw, maar heeft een grotere openheid naar de straat. De expositieruimte bestaat uit grote, flexibele ruimtes met neutrale, witte wanden. De expositieruimte is in drieën verdeeld door twee verkeersstroken. Op de verdieping zijn m.b.v. stalen sheddaken bovenlichten gevormd. De kantoren zijn ondergebracht in een laagbouwstrook.

▪ The new wing fits in well with the existing building because of its use of brick, but is more open to the street. The exhibition space consists of large, flexible areas with neutral white partition walls and is split into three by two walkways. On the upper floor, steel shed roofs provide lighting. The offices are housed in a low-rise strip.

054 TUINPAVILJOEN/GARDEN PAVILION MUSEUM BOIJMANS VAN BEUNINGEN

Museumpark 18-20

H.A.J. HENKET | 1989-1991

AB 1991-4; de Architect 1991-4; Bouw 1991-9; Architectuur in Nederland. Jaarboek 1991-1992; AR 1991-7

Voor de collectie Van Beuningen-De Vriese, bestaande uit gebruiksvoorwerpen, is een paviljoen aan de tuinzijde van het museum gerealiseerd in de as van de museumtuin. Het open, glazen gebouw contrasteert met de gesloten baksteengevels van het bestaande gebouw. Behalve glas domineert het zilvergrijs van het aluminium van constructie-elementen, kozijnen en de karakteristieke zonwerende overstekken, een soort schoepen met lamellen. Het symmetrische paviljoen is voorzien van een afgeronde zuidgevel. Via een trap bereikt men een tevens als expositieruimte bruikbaar souterrain, mede verlicht door een vide.

▪ Set on the garden side of the museum, on axis with the garden, is this pavilion for the Van Beuningen-De Vriese collection of objects for everyday use. The open, glass addition contrasts with the introverted brick elevations of the existing building. The dominating feature, apart from the glass, is the silver-grey of the aluminium structural elements, window and door frames, and characteristic slat-like sunbreak overhangs. The symmetrical pavilion has a rounded south elevation. A staircase leads to the basement cum exhibition space part lit through a void.

055 NEDERLANDS ARCHITECTUURINSTITUUT/ NETHERLANDS ARCHITECTURE INSTITUTE

Museumpark 25

J.M.J. COENEN | 1988-1993

P. Struycken, A. de Vries (b.k.)

Archis 1988-7, 1993-10; de Architect 1988-7/8, 1993-12; AB 1988-6/7; Architecture+Urbanisme 1992-11; GA Document 40; A. Duivesteijn e.a. - Het NAi/The NAi, 1993; Architectuur in Nederland. Jaarboek 1992-1993, 1993-1994; Architectural Review 1994-feb; Architectural Record 1994-3; A. Oxenaar - Jo Coenen, architect, 1994

De totstandkoming van het Nederlands Architectuurinstituut heeft heel wat voeten in de aarde. Na een heuse stedenstrijd wordt uiteindelijk Rotterdam aangewezen als vestigingsplaats van dit samenwerkingsverband van een drietal Amsterdamse instellingen: het Nederlands Documentatiecentrum voor de Bouwkunst, de Stichting Architectuur Museum en de Stichting 'Wonen'. Ook de realisatie van het ontwerp na een meervoudige opdracht in 1988 aan zes architecten met Rem Koolhaas als gedoodverfde maar Jo Coenen als verrassende winnaar verloopt uitermate moeizaam. In het ontwerp van Jo Coenen zijn de hoofdfuncties van het instituut in afzonderlijke gebouwdelen ondergebracht: het archief, de tentoonstellingsruimte en de staf. Elk gebouwdeel heeft een eigen architectonische karakteristiek en een eigen relatie met de omgeving. Het langgerekte archiefgebouw volgt de kromming van de Rochussenstraat en sluit daarmee het Museumpark (060) van de stad af. Het gebouwdeel is op betonnen schijven geplaatst, waardoor een arcade is ontstaan die een visuele relatie met het park mogelijk maakt. 's Avonds is in de arcade het spectaculaire lichtkunstwerk van Peter Struycken te zien. In de spitse punten van de 'banaan' zijn een café en de redactieruimte van het tijdschrift Archis ondergebracht. Het tentoonstellingsgebouw is een vierkant volume van beton, bekleed met baksteen. Behalve een grote hoge tentoonstellingszaal zijn er twee kleinere ruimtes, een galerij en een balkonzaal. Ook op de zolderverdieping kan tussen de zes verdiepingshoge betonnen liggers worden geëxposeerd; de vloeren bestaan uit stalen roosters om het daglicht vanuit het transparante dak tot in de grote zaal door te laten dringen. Het hoge glazen middenbouwdeel bevat kantoorruimte en een bibliotheek, door een luchtbrug gekoppeld aan de studieruimtes in het archiefgebouw. De constructie van dit gebouw wordt gevormd door stalen kolommen aan de buitenzijde van de gevel, die boven het gebouw samenkomen in een stalen pergola. In de gesloten plint van twee verdiepingen van dit gebouwdeel liggen de centrale entreehal en de foyer, gekoppeld aan het glazen auditorium aan de vijver. De entreehal is bereikbaar vanuit de arcade, maar ook vanuit het Museumpark via een houten loopbrug over de vijver. In de vijver is een kunstwerk van Auke de Vries geplaatst. De meningen over het NAi zijn verdeeld. Het gebouw kan gezien worden als een interessante staalkaart van architectuuropvattingen, maar wordt door Archis-redacteur Geert Bekaert 'zelfgenoegzaam en prestigieus monumentaal' genoemd: 'een Versailles voor de Nederlandse architectuur.'.

▪ The building of the Netherlands Architecture Institute (NAi) was a tough proposition indeed. After a veritable inter-city war, Rotterdam was selected as the venue for the 'combine' of three Amsterdam bodies: the Netherlands Documentation Centre for Architecture, Stichting Architectuur Museum and Stichting 'Wonen'. The actual construction proceeded just as laboriously, once Jo Coenen had emerged as the surprising victor of the limited competition in 1988 involving six architects with Rem Koolhaas heavily tipped to win. Coenen's design houses the institute's key functions, archives, exhibitions and staff, in three distinct volumes. Each has its own architectural character and relationship with the surroundings. The elongated archives building follows the curve of Rochussenstraat, screening off the Museum Park (060) from the rest of the town. It stands on concrete piers in a colonnade so that the park can be visually engaged through it. In the evening the colonnade plays host to Peter Struycken's spectacular light work. A café and the offices of the Dutch architecture magazine Archis each occupy a tip of the 'banana'. The exhibition block is a square concrete volume clad in brick. Besides the large, tall exhibition space it contains two smaller rooms, a gallery and a balcony room. Exhibitions can also be held in the attic space between the six storey-high concrete joists; the floors there are of steel gratings through which daylight passes from the transparent roof down to the main exhibition space. The tall glass central block contains offices and a library connected to the study areas in the archive block by a footbridge. The structure of this building consists of steel columns on the exterior of the envelope that meet above the building in a steel 'pergola'. The central entrance lobby and foyer are situated in the enclosed two-storey basement of this block, giving access to the glazed auditorium overlooking the ornamental lake. The entrance lobby is reached from the colonnade, and from the Museum Park by a slender wooden footbridge across the pond. In the lake stands a sculpture by Auke de Vries. Opinions on the NAi are divided. To some, the building is an engaging litany of architectural ideas, but it has been described by Archis editor Geert Bekaert as 'complacent and prestigiously monumental: a Versailles for Dutch architecture'.

056 MEDISCHE FACULTEIT/MEDICAL FACULTY

Wytemaweg

OD 205 | 1965-1968

A. Hagoort, G. Martens (proj.), J. Prouvé (constr.), P. Struycken (b.k.)

Polytechnisch Tijdschrift Bouwkunde 1971 p.967; Bouw 1972 p.38; TABK 1972 p.453; A. Oosterman - Arie Hagoort, architect, 1991; Architectuur Rotterdam 1945-1970, 1993

Deze 114 m. hoge kolos beheerst de skyline van Rotterdam. De hoogbouw bevat laboratoria, de laagbouw collegezalen en administratieve ruimtes. Het betonskelet wordt geheel omsloten door wit gemoffelde aluminium sandwichpanelen ontworpen door Jean Prouvé. De uitzonderlijke snelle bouwtijd is bereikt door uit te gaan van flexibele standaardplattegronden en vergaande prefabricage. Dit bouwtechnisch bijzonder geslaagde gebouw is stedebouwkundig minder goed ingepast.

▪ This 114 m. high colossus dominates Rotterdam's skyline. The high rise slab contains laboratories, the low-rise block lecture halls and administration. Its concrete frame is fully clad in white enamelled aluminium sandwich panels designed by Jean Prouvé. It was built in a remarkably short time by following flexible standard plans and using extensive prefabrication. Technically an exceptional accomplishment, its relation to its urban surroundings is less of a success.

057 SOPHIA KINDERZIEKENHUIS/CHILDREN'S HOSPITAL

Wytemaweg

OD 205 | 1987-1994

J. Dulfer (proj.), P.B.M. van der Meer, H. v.d. Brugghen, P.A.M. Defesche (medew.)

A. Oosterman - Arie Hagoort, architect, 1991

Ter vervanging van een vooroorlogs gebouw elders in Rotterdam wordt de nieuwbouw van dit kinderziekenhuis als onderdeel van het Dijkzigt-complex gerealiseerd. Met de zorgvuldige benutting van het terrein en de verzorgde beëindiging van het maximaal zes lagen hoge gebouw revancheert het architectenbureau OD 205 zich voor de plompverloren situering van de Medische Faculteit (056). Het gebouw bevat voorzieningen voor 150 patiëntjes, die in paviljoens grenzend aan het Museumpark (060) zijn gehuisvest. Zowel plattegrond als gevel, opgebouwd uit betegelde panelen en aluminium puien, kennen een systematische opzet.

▪ Part of Dijkzigt hospital complex, this building replaces prewar premises elsewhere in Rotterdam. The sensitive handling of the site and the well-groomed end of the building, six storeys at its highest point, was OD 205's way of making up for the ill-considered siting of their Medical Faculty (056). The children's hospital has facilities for 150 patients who are housed in pavilions along-side the Museum Park (060). Both the elevation, of tiled panels and aluminium framed glass, and the plan adhere to a strict system.

058 KANTOORGEBOUW/OFFICE BUILDING UNILEVER

Rochussenstraat/Wytemaweg

H.F. MERTENS | 1930-1931

A.J.B. van der Graaf (uitbr. 1956-1959), J. Dekkers (ren.)

Bouwkundig Weekblad 1931 p.445; Architectuur Rotterdam 1890-1945, 1991

Het gebouw bestaat uit twee blokken van ongelijke lengte, verbonden door een tussenlid en een monumentale entree aan een wegsplitsing. Het trappenhuis (met ronde trap) en een vergaderzaal boven de entree zijn duidelijk geaccentueerd. Het betonskelet, in het interieur van de kantoorzalen goed zichtbaar, is aan de buitenzijde aan het oog onttrokken door donkere, massieve gevels van bruine baksteen in mozaïekpatronen. Nog geen twee jaar later realiseert Mertens het zeer moderne HAKA-gebouw (079). Het gebouw is door Jeanne Dekkers (EGM) verbouwd tot Hogeschool, waarbij in het interieur een grotere openheid en vrolijke kleuraccenten overheersen.

▪ This office building is in two blocks of dissimilar length linked by a corridor and a monumental entrance where two roads meet. The circular stair and meeting hall above the entrance are clearly accentuated. The concrete frame, plainly visible within the offices, is outside obscured by dark, massive elevations of brown brick in mosaic patterns. Less than two years later Mertens was to produce his ultra-modern HAKA-building (079). The building was recast by Jeanne Dekkers of EGM as a school, whose interior exhibits a greater openness with splashes of colour to point it up.

059 KUNSTHAL

Westzeedijk 341

OMA | 1988-1992

R. Koolhaas, F. Hoshino (proj.), H. Visch, G. Förg (b.k.)

de Architect 1990-7/8, 1993-1; El Croquis 1992-mrt; Archis 1993-1; Domus 1993-mrt; Bauwelt 1993 p. 2490; Architectuur in Nederland. Jaarboek 1992-1993; Architecture+Urbanisme 1994-aug

De Kunsthal is bedoeld als expositieruimte voor tijdelijke tentoonstellingen, waarvoor in de bestaande accommodaties geen plaats is. Het gebouw is gesitueerd tegen het dijklichaam van de Westzeedijk. Het wordt doorsneden door een voetgangersroute vanuit het Museumpark (060) naar de Westzeedijk en een ventweg onderaan de dijk. Ook het gebouw zelf is eigenlijk één en al verkeersruimte, een spiraalsgewijs stelsel van hellingbanen rond de voetgangersroute die eveneens als hellingbaan is uitgevoerd. Deze voetgangersroute verdeelt het gebouw in twee delen: een grote vleugel aan de oostzijde waarin zich de twee grote expositiezalen bevinden en een smallere zone aan de westzijde met het als één grote hellingbaan uitgevoerde auditorium, een café-restaurant eronder en een derde kleinere expositiezaal erboven.
De beide grote expositiezalen, Hal 1 en Hal 2, zijn verschillend van karakter. Hal 1 op de begane grond vormt met het zwart geschilderde plafond en muren met onregelmatige verlichtingspatronen en een viertal als boomstammen omklede stalen kolommen een voortzetting van het park. Hal 2 is een grote kolomvrije ruimte met een transparant dak en een groot 'etalage' venster naar de drukke verkeersweg op de dijk. Langs Hal 1 en Hal 2 bevindt zich nog een

smalle galerijstrook, waarvan de verdiepingsvloer is gemaakt van stalen roosters. Hal 3 is een kleinere gesloten ruimte waarin de schuin geplaatste betonnen kolommen, die loodrecht op de schuin oplopende auditoriumvloer zijn geplaatst, voor een vervreemdend effect zorgen. Via een klein balkon kan men hiervandaan in Hal 2 kijken.
In de gevels zijn travertin en geteerd beton toegepast in wisselende combinaties met grote glasvlakken. Elke gevel is een autonome eenheid. De gevel aan de Westzeedijk werkt als etalage; ter verdere promotie van de tentoonstellingen is de op het dak geplaatste installatietoren in gebruik als billboard. Materialen en constructie-elementen zijn in de Kunsthal zonder verzoening tegen elkaar gemonteerd. Verschillende contrasterende materialen, duur en goedkoop, verfijnd en banaal, zijn 'koud' met elkaar geconfronteerd.

▮ The Kunsthal is intended as a showcase for temporary exhibitions which cannot be accommodated at existing venues. Abutting on the dike embankment of Westzeedijk, it is transected by a pedestrian route from the Museum Park (060) to Westzeedijk and a service road at the foot of the dike. The building itself is in fact one huge thoroughfare, a spiralling system of ramps around the pedestrian route, which is itself a ramp. This route slices the building in two: a large wing on the east side containing two large exhibition rooms and a narrower zone on the west housing the auditorium, once again a single large ramp, with a café-restaurant below and a third, smaller exhibition room above. The two large galleries, Hall 1 and Hall 2, differ in character. Hall 1, on the ground floor, is a continuation of the park, with black painted ceiling and walls, irregular lighting patterns and four steel columns dressed as tree trunks. Hall 2 is a large column-free space with a transparent roof and large display window looking out on the busy road atop the dike. Alongside the two main galleries is a narrow exhibition 'strip' whose upper storey floor consists of steel gratings. Hall 3 is a smaller, contained space where sloping concrete columns, placed upright on the upward-sloping floor of the auditorium, have an alienating effect. A small balcony provides a view through into Hall 2.
Travertine and tarred concrete alternate with large expanses of glass in the elevations, each of which is a self-sufficient unit. That looking onto Westzeedijk acts as a window display, with a services tower on the roof functioning as a billboard to advertise the exhibitions inside. In the Kunsthal materials and structural elements have been spliced together with no attempt at reconciliation. Contrasting materials, cheap and expensive, elegant and banal, are brazenly juxtaposed.

060 MUSEUMPARK

Museumpark
OMA | 1985-1993
R. Koolhaas (proj.), Y. Brunier, P. Blaisse (tuinarch.)
de Architect 1990-10; Archis 1993-1

Behalve voor enkele villa's en museum Boijmans Van Beuningen (052) werd een deel van het voormalige land van Hoboken ingericht als Museumpark, een klassieke symmetrische tuin met vijverpartij, beëindigd door het monument voor G.J. de Jongh. De rest van het park is bij de bouw van de Kunsthal heringericht naar ontwerp van de Franse landschapsarchitect Yves Brunier in samenwerking met OMA. Het gebied is in vier zones ingedeeld: een museumzone met Kunsthal en Natuurhistorisch Museum (061), een romantische tuin, een verhoogd evenemententerrein van zwart asfalt en een voorhof met in een regelmatig patroon geplante appelbomen met witgekalkte stammen op een ondergrond van witte schelpen.

▮ Some of the former 'Land of Hoboken' was used for villas and the Boijmans Museum (052), some was laid out as the Museum Park, a classic symmetrical garden with a water figure, terminating in the monument to G.J. de Jongh. When the Kunsthal was built, the rest of the park was redesigned to a plan by the French landscape architect Yves Brunier in association with OMA. The area divides into four zones: a museum section of Kunsthal and Natural History Museum (061), a romantic garden, a raised mixed-use area in black asphalt and a forecourt planted with apple trees with whitewashed trunks in a regular pattern on a ground of white shells.

061 UITBREIDING NATUURHISTORISCH MUSEUM/ EXTENSION TO NATURAL HISTORY MUSEUM VILLA DIJKZIGT

Westzeedijk 345
MECANOO | 1994-1995
E. van Egeraat (proj.)

In de villa Dijkzigt, een neoclassicistisch ontwerp van J.F. Metzelaar uit 1850 en het voormalige woonhuis van de heer Hoboken, is sinds enige jaren het Natuurhistorisch Museum gevestigd. Een uitbreiding in de vorm van een vrijstaand rechthoekig paviljoen van glas, beton en baksteen biedt ruimte aan een grote expositiezaal en de bibliotheek. Loopbruggen verbinden het paviljoen met de villa.

▮ Villa Dijkzigt, a Neo-Classical design by J.F. Metzelaar of 1850 and once the residence of Mr. Hoboken himself, has housed the Natural History Museum for some years now. The recent extension, a discrete rectangular pavilion of glass, concrete and brick, accommodates a large exhibition space and the library. Footbridges connect the pavilion to the villa.

062 EUROMAST; SPACE TOWER

Parkhaven 20

H.A. MAASKANT; GEMEENTEWERKEN | 1958-1960; 1969-1970

Bouw 1959 p.288, 1970 p.1766; Bouwkundig Weekblad 1961 p.375; La Technique des Traveaux 1961 p.39; Architectuur Rotterdam 1945-1970, 1993

Attractietoren van 107 m. hoog, bestaande uit een betonnen schacht (± 9 m.) met een scheepsbrug op 30 m. en een kraaiennest op 100 m. hoogte. Het dynamisch vormgegeven kraaiennest bevat een amphitheatergewijs restaurant en kraagt maximaal 12 m. uit. Deze staalconstructie is op de begane grond in elkaar gelast, afgewerkt en daarna opgevijzeld. Als de Euromast in 1970 het hoogterecord verliest aan de Medische Faculteit (056) wordt de zgn. Space Tower geplaatst, een slanke stalen schacht, waaromheen een ringvormige cabine naar een hoogte van 176 m. cirkelt.

▪ Designed simply as an attraction, this 107 m. high 'mast' consists of a concrete shaft 9 m. in diameter with a ship's bridge at 30 m. and a crow's-nest at 100 m. The dynamically conceived crow's-nest comprises an amphitheatre-shaped restaurant cantilevering a maximum of 12 m. This steel structure was first welded, then faced and finally hoisted into position. In 1970 when the Euromast lost its record height to the Medical Faculty (056), a slender steel shaft, the 'Space Tower', was added, up which a ring-shaped cabin circles to a height of 176 m.

063 MAASTUNNEL, FILTERGEBOUWEN/FILTER HOUSES

Parkhaven, Charloisse Hoofd

J.P. VAN BRUGGEN, A.J. VAN DER STEUR | 1937-1941

J. Gidding (b.k.)

A.C. Vreugdenhil - De Maastunnel, s.a.; Bulletin KNOB 1990-2; Architectuur Rotterdam 1890-1945, 1991

De tunnel onder de Maas bestaat uit twee gescheiden kokers met elk twee rijbanen voor het gemotoriseerde verkeer en twee, boven elkaar gelegen, kleinere kokers voor fietsers en voetgangers. De betonnen tunnel is in delen aan land geprefabriceerd en met een drijvende kraan naar hun plaats gebracht om te worden afgezonken. De hand van architect Van der Steur is vooral herkenbaar in de vormgeving van de beide filtergebouwen op de noord- en zuidoever.

▪ The tunnel under the River Maas consists of two separate tubes each of two lanes for motorized traffic and two smaller tubes, one for cyclists above another for pedestrians. The concrete tunnel is in prefabricated sections built beforehand and carried by floating crane to their destination and subsequently sunk. The signature of architect Van der Steur can be seen in the shape of the two filter houses on the north and south banks.

064 PARKLAANFLAT/BLOCK OF FLATS

Parkstraat 2

W. VAN TIJEN | 1933

De 8 en Opbouw 1933 p.139; Bouwkundig Weekblad 1935 p.59; R. Sherwood - Modern Housing Prototypes, 1978; T. Idsinga e.a. - Architect van Tijen 1894-1974, 1987; Architectuur Rotterdam 1890-1945, 1991

De luxe appartementen in dit woongebouw van zeven verdiepingen beslaan elk een volledige verdieping. Voor zichzelf bouwde Van Tijen een appartement op het dak, waar een ruim dakterras uitzicht biedt op de haven. De draagconstructie bestaat uit een staalskelet met houten vloeren. Zonder het te weten realiseerde Van Tijen de eerste glazen vliesgevel in Nederland. Het draadglas in de puien en de balkonafscheidingen is daar waar deze ondoorzichtig dienen te zijn met grijze verf bedekt.

▪ Each luxury apartment in this seven-storey housing block occupies an entire floor. For himself Van Tijen built an apartment on the roof, where a spacious roof terrace looks out over the harbour. The loadbearing structure consists of a steel frame with wooden floors. Without knowing it Van Tijen had designed the first glass curtain wall to be built in the Netherlands. Where privacy was requested the wired glass in both lower fronts and balcony partitions was painted grey.

065 KANTOORGEBOUW/OFFICE BUILDING ATLANTIC-HUIS

Westplein 1

P.G. BUSKENS | 1928-1930

Bouwkundig Weekblad 1932 p.94; Architectuur Rotterdam 1890-1945, 1991; H. Baaij, J. Oudenaarden - Monumenten uit Rotterdam, 1992

Het Atlantic-huis is een bedrijfsverzamelgebouw in Art-Decostijl, dat in zijn benaming, zijn detaillering en beeldende-kunsttoepassing verwijst naar de dynamiek van havens en schepen. Een belangrijke noviteit van het gebouw is de inpandige parkeergarage. Het gebouw heeft een U-vormige plattegrond en is voorzien van twee ronde hoektorens. Het betonskelet bepaalt de ritmering van de gevels, een combinatie van baksteen en zware betonnen lijsten.

▪ 'Atlantic-huis' is an Art Deco-style building that plays host to a miscellany of firms. Its name, detailing and artwork refer to the dynamism of ports and ships. A major innovative feature is the internal car park. The building has a U-shaped plan and sports two round corner towers. The concrete frame lays down the rhythm of the frontage, this being a combination of brick and ponderous concrete mouldings.

066 WOONGEBOUW/HOUSING BLOCK

Westzeedijk 126-130

F.L. LOURIJSSEN | 1928

J. Altorf (b.k.)

Het Bouwbedrijf 1928 p.175; Architectuur Rotterdam 1890-1945, 1991

Het complex bestaat uit 24 appartementen, ontsloten door een drietal ingangen gedecoreerd met bronzen deuren met smalle glas-in-loodramen en een ingangspartij voorzien van marmeren dierfiguren. Het gebouw is opgezet als serviceflat, met voorzieningen als een schoonmaakdienst, een kluis, logeerkamers, boodschappenkastjes, een schoenpoetsdienst en een maaltijdservice, waarvoor ieder appartement was voorzien van een spijslift. Dergelijke woonhotels kwamen in Den Haag veelvuldig voor; architect Lourijssen kan ook gerekend worden tot de Nieuwe Haagse School.

▪ There are 24 apartments in the complex. Access is by means of three corridors, decorated with bronze doors punctured with narrow stained glass windows, and a lobby containing marble figures of animals. The dwellings are service flats with the appropriate facilities including a house cleaning service, a safe, guest rooms, delivery hatches, shoe cleaning and meals service, with a dumbwaiter to each apartment. Residential 'hotels' like this were prevalent in The Hague and the architect Lourijssen can indeed be assigned to the 'New Hague School'.

067 PARKFLAT/BLOCK OF FLATS

Westzeedijk 164

E.F. GROOSMAN | 1949-1958

W. van der Weert (b.k.)

Forum 1958 p.391; Bouwkundig Weekblad 1960 p.12; Architectuur Rotterdam 1945-1970, 1993

Om te kunnen profiteren van het prachtige uitzicht over Park en Maas wordt in plaats van de in het stedebouwkundig plan voorziene hoekbebouwing van vier lagen een luxe woonflat gerealiseerd. Het gebouw is niet vrijstaand, maar voegt zich door middel van een laagbouw op twee kolommen in het patroon van de Westzeedijk. De entree zit op de kop van het gebouw, gemarkeerd door een betonplastiek en geeft toegang tot een ruime hal. Het gebouw kent een portiekontsluiting; twee liften geven toegang tot maximaal vier woningen per verdieping. Het gebouw heeft een dakterras.

▪ So as to make the most of the magnificent view of the park and the Maas river, it was decided to build a luxury apartment block with roof garden instead of the four-storey corner building designated in the urban plan. The building is not freestanding but engages the pattern of Westzeedijk with a low-rise section on two columns. The porch entrance, marked by a concrete sculpture at the building's head, opens into a spacious hallway, where two lifts serve a maximum of four dwellings per storey.

068 UITBREIDING/EXTENSION PARKHOTEL; WONINGEN EN WINKELS/HOUSING AND SHOPS

Westersingel 70; Rochussenstraat

MECANOO | 1990-1992; 1993-1994

E. van Egeraat (proj.); -

AB 1992-9; de Architect 1994-11; K. Somer - Mecanoo, architecten, 1995

Deze twee gebouwen van de architectengroep Mecanoo markeren de entree van de Rochussenstraat. De elegant gevormde hoogbouw van de uitbreiding van het Parkhotel is losgehouden van het bestaande gebouw en een eerdere uitbreiding. Een gecombineerd woon- en kantoorgebouw aan de overzijde met winkels op de begane grond bestaat uit een laag bouwblok met een afronding naar de Westersingel. Beide gebouwen hebben een met zink beklede gevel. Zij illustreren de vrijzinnige omgang met materialen, vormen en concepten die deze aanvankelijk sterk op het modernisme geïnspireerde jonge architecten kenmerkt.

▮ These two buildings by the Mecanoo group announce the entrance to Rochussenstraat. The elegant high-rise of the hotel extension stands free of the existing building and an earlier addition. The lowrise block across the road, with one round end to the Westersingel, combines ground floor retail space with housing and office space above. Both buildings are zinc clad and illustrate the liberal deployment of materials, forms and ideas typifying this young architects' collective which was once so strongly inspired by modernism.

069 WONINGEN EN WINKELS/HOUSING AND SHOPS

Nieuwe Binnenweg/Mathenesserlaan

J.H. VAN DEN BROEK | 1930-1932

Bouwkundig Weekblad 1933 p.391; R. Stroink - Ir. J.H. van den Broek, 1981; Architectuur Rotterdam 1890-1945, 1991

Op de hoek van twee gebogen straten is dit woongebouw met winkels gerealiseerd. Door aan de winkelstraat een hoogbouw van zes verdiepingen en aan de laan laagbouw toe te passen ontstond een stedebouwkundig accent. Door de portiek aan de Binnenweg wigvormig te maken kon Van den Broek met een knik in het gebouw de ronding van de straat benaderen met behoud van rechthoekige woningplattegronden. Op de begane grond volgt de glazen pui van de winkels wel de rooilijn. De gevels zijn een functionele indeling van het betonskelet met stroken baksteen en glas in stalen kozijnen en asymmetrisch en excentrisch geplaatste balkons.

▮ Set on the corner of two curving streets is this block of housing above and shops below. With high-rise in six levels to the former street and low-rise to the latter, the building makes great play of the difference in ambience. The wedge-shaped porch on the Binnenweg generates an angle in the building, which allowed Van den Broek to approximate the curve of the street on the upper levels while retaining rectangular floor plans for the dwellings. The ground floor shop windows, for their part, adhere strictly to the building line. Basically a functional subdivision of the concrete frame, the elevations alternate bands of brick and steel-framed glass and sport balconies asymmetrically and eccentrically placed.

070 SINT FRANCISCUSCOLLEGE/SECONDARY SCHOOL

Beukelsdijk 91/Velsenluststraat

H. SUTTERLAND, P.G. BUSKENS | 1922-1924

Bouwkundig Weekblad 1925 p.9; Architectuur Rotterdam 1890-1945, 1991; H. Baaij, J. Oudenaarden - Monumenten uit Rotterdam, 1992

Deze middelbare school is met zijn horizontaal gelede bouwvolumes en geprononceerde dakranden schatplichtig aan het werk van Frank Lloyd Wright. De plasticiteit van de zeven rechthoekige volumes culmineert in de verticale torenachtige opbouw van het schoorsteenkanaal. Het symmetrisch ogende gebouw heeft een L-vormige plattegrond bestaande uit twee lokaalvleugels die samenkomen in een ruime hal met trappenhuis nabij de entree. Aan het eind van de L-vorm bevindt zich een gymnastieklokaal. Er zijn tal van bijzondere details te zien, zoals de geornamenteerde dakranden, het siermetselwerk bij de torenbeëindiging, de bijzondere raamvorm bij de lokalen en het smeedwerk bij de entree.

▮ This secondary school owes much to the work of Frank Lloyd Wright in its horizontally articulated masses and jutting eaves. The sculptural quality of the seven rectangular volumes culminates in the vertical tower of the chimney stack. The visually symmetrical building has an L-shaped plan in which two wings of classrooms converge on a capacious hall and stair past the entrance. At one end of the L is a gymnasium. There is a wealth of exceptional details to be found here including the ornamented eaves, the decorative brickwork where the tower ends, the strikingly shaped classroom windows and the wrought ironwork at the entry.

071 SCHEEPSVAART VEREENIGING ZUID/PORT EMPLOYERS' ASSOCIATION BUILDING

Pieter de Hoochweg 110

W. KROMHOUT | 1920-1922

Het Bouwbedrijf 1925 p.249; Architectuur Rotterdam 1890-1945, 1991; H. Baaij, J. Oudenaarden - Monumenten uit Rotterdam, 1992; I. Jager - Willem Kromhout Czn., 1992

Dit gebouw voor de vereniging van werkgevers in de Rotterdamse haven heeft een symmetrische plattegrond en een rijk gedetailleerde hoofdvorm. Sommige elementen zoals de boegvormige gevelbeëindigingen en de masten op het dak verwijzen naar de scheepsbouw. De gesloten gevels verbergen een opvallend licht interieur rond het centrale trappenhuis. Een ander werk van Kromhout is het ertegenover gelegen gebouw van Drukkerij Wyt & Zonen uit 1924-1925 (Pieter de Hoochweg 111).

▪ This building for an employers' association in Rotterdam's harbour has a symmetrical plan and a detailed main volume. Such elements as prow-shaped extremities in the facade and masts on the roof speak of the shipping world. The introverted elevations conceal a surprisingly well-lit interior around the main stairwell. By the same architect are the printing works opposite (Drukkerij Wyt en Zonen, Pieter de Hoochweg 111) dating from 1924-1925.

072 BASISSCHOOL/PRIMARY SCHOOL

Pieter de Hoochstraat 52

DE NIJL | 1982-1984

B. Cohen, L. van Duin, H. Engel (proj.)

Bouw 1985-4; de Architect 1986-2

Deze basisschool bestaat uit acht lokalen, die trapsgewijs in twee lagen op het zuiden zijn georiënteerd. Op beide etages zijn enige werkkamers en een bijzonder lokaal toegevoegd. Hal- en gangruimte voor de lokalen zijn te gebruiken als spel- en studieruimte. Boven trappenhuis en lokaalentrees is een lichtkap aangebracht. In tegenstelling tot de gesloten, formele straatgevel heeft de gevel aan de speelplaats een open karakter: een houten pui met glas en panelen toont functie en constructie van het gebouw.

▪ Infants' school and primary school are here combined in eight classrooms arranged stepwise in two storeys and orientated to the south. On both floors are a number of work spaces and an extra room. Hall and corridor space in front of the classrooms can be used for play or study. Above the staircase and room entrances is a rooflight. The open character of the playground facade contrasts with the introverted, formal street elevation. Glass and panels in a wooden framework reveal the building's function and construction.

073 POORTGEBOUW/BRIDGE BUILDING MÜLLER-THOMSEN

Schiehaven 15

H.A. MAASKANT | 1960

Architecture d'Aujourd'hui 1961-apr/mei p.94; Havenarchitectuur, 1982; Architectuur Rotterdam 1945-1970, 1993

Het stukgoedcomplex van de firma Progress verving tussen 1958 en 1960 de oude houten loodsen door een viertal nieuwe loodsen en een poortgebouw. Het poortgebouw wordt doorsneden door een loodrechte onderdoorgang voor vrachtwagens en een diagonale voor een spoorlijn. De resterende ruimte op de begane grond wordt gebruikt voor entrees, opslag en installaties. Op de verdiepingen bevinden zich was- en kleedlokalen, een kantine en voorts kantoorruimtes en een dienstwoning. Het gebouw heeft een betonconstructie; de gevels zijn vrijwel geheel van glas: helder glas, gekleurd glas en glazen bouwstenen.

▪ Between 1958 and 1960 the firm of Progress replaced the old wooden sheds in the general cargo complex with four new ones and a bridge-like building or 'poortgebouw'. Slicing through the latter are a perpendicular underpass for trucks and a diagonal one for a railway. The remaining ground-floor area contains entrances, storage and plant. On the upper floors are washrooms and changing rooms as well as a canteen, offices and a live-in unit. The building has a concrete construction and elevations almost entirely of glass: clear glass, coloured glass and glass block.

074 KANTOORGEBOUW/OFFICE BUILDING GEB

Rochussenstraat 200

W.G. WITTEVEEN, J. POOT, A.J. VAN DER STEUR | 1927-1931

Bouwkundig Weekblad 1931 p.397; Bulletin KNOB 1990-6; Architectuur Rotterdam 1890-1945, 1991

Het gebouw vormt met zijn 50 m. hoge toren een monumentale afsluiting van het uitbreidingsplan Dijkzigt uit 1926. Het gebouw bevat kantoorruimte in de hoogbouw en publieksruimtes, werkplaatsen en opslagruimtes in de lagere bouwdelen. De gevels zijn verticaal geleed in de hoogbouw en horizontaal in de laagbouw, maar vormen door de strenge ordening toch een eenheid. Het gebouw heeft een betonskelet en is mede door de zonering in kantoor- en gangtravee flexibel indeelbaar. In details als de centrale ijzeren wenteltrap, de in de gevels zichtbare liften en in de bekroning van het gebouw is het wolkenkrabberkarakter versterkt. Het gebouw is thans in gebruik als studentenflat.

▪ This former electricity board building, with its 50 m. high tower, marks the monumental conclusion to the Dijkzigt expansion scheme of 1926. The highrise used to contain offices, the lowrise sections public areas, workshops and storage. The elevations of the high-rise are articulated vertically, those of the low-rise horizontally, yet this severe arrangement does bring unity. The building has a concrete frame and the zoning into office and corridor bays lends flexibility to its internal planning. Details like the iron central circular stair, the lifts visible in the elevations, and the 'cornice', reinforce the skyscraper effect. It currently houses students.

075 KANTOORGEBOUW/OFFICE BUILDING R. MEES & ZONEN

's-Gravendijkwal 108/Mathenesserlaan

BRINKMAN & VAN DER VLUGT | 1929-1931

De 8 en Opbouw 1932 p.63

Dit bankfiliaal bevindt zich op een betrekkelijk klein terrein (8 x 12,5 m.) op de hoek van twee belangrijke straten. Boven de in de gevel door zwart natuursteen geaccentueerde onderbouw met publieksruimtes bevinden zich de kantoren op de eerste verdieping en een congiërgewoning, archief en koffiekamer op de tweede en derde verdieping. Het interieur is inmiddels verbouwd; het exterieur verkeert nog grotendeels in de oorspronkelijke staat.

▪ This branch of a bank stands on a fairly small site (8 x 12.5 m.) on the corner of two major streets. Above an understructure accentuated in the facade with black stone and containing reception areas are offices on the first floor and a caretaker's lodge, archives and coffee room on the second and third floors. Though the interior has since been altered, the exterior is more or less in its original state.

076 WONINGBOUW MET WINKELS/HOUSING AND SHOPS

Mathenesserplein

J.H. VAN DEN BROEK | 1927-1929

Wonen-TA/BK 1980-5/6; R. Stroink - Ir. J.H. van den Broek, 1981; Architectuur Rotterdam 1890-1945, 1991

Dit eerste woningbouwproject van Van den Broek behelst de architectonische verfraaiing van drie bouwblokken aan een Y-vormige wegsplitsing. Het ontwerp is gebaseerd op standaardplattegronden van bouwondernemers. Door toevoeging van twee torens en twee lage showrooms ontstaat een monumentaal verkeersplein. Een derde toren in de as van de brug markeert een poort naar de woonwijk erachter. Deze stedebouwkundige opzet is terug te voeren op de vormprincipes van Berlage.

▪ This housing project, Van den Broek's first, embodies the architectural embellishment of three housing blocks at a fork in the road. The design is based on standard plans used by building contractors. By adding two towers and two low-rise showrooms he created a monumental square. A third tower on axis with the bridge marks a gateway to the housing beyond. This type of urban layout can be traced back to the formal principles of Berlage.

077 WONINGBOUW/HOUSING TUSSCHENDIJKEN

Jan Kobellstraat, Van Duylstraat

J.J.P. OUD | 1921-1923

L'Architecture Vivante 1925-I; Plan 1981-9; H. Oud - J.J.P. Oud, Architekt 1890-1963, 1984

Van de oorspronkelijke acht, door Oud in dienst van de gemeente ontworpen woonblokken resteert alleen dit woonblok. Blok IX uit Spangen (086) diende als prototype voor het project. De eerder ontwikkelde binnentuin is hier royaler en beter uitgewerkt. In de verschillende bouwblokken is Ouds ontwikkeling naar een anonieme strakke straatgevel, waarin de individuele woning ondergeschikt wordt gemaakt aan de eenheid van het straatbeeld (benadrukt door de steeds plastischer hoekoplossingen) duidelijk te volgen.

▮ Of the original eight housing blocks built here by Oud as city architect this is the sole survivor. Block IX of the Spangen housing (086) served as prototype for the project. The earlier developed inner garden is here more lavish and more successfully elaborated. The various blocks trace a clearly visible development towards an anonymous, taut street facade in which the individual dwelling is subordinated to the unity of the street image, emphasized by an increasingly plastic treatment of the corners.

078 MAGAZIJN/WAREHOUSE DIEPEVEEN & CO

Pelgrimsstraat 1

W. KROMHOUT | 1929-1930

Art Constructions (rest.)

H. Baaij, J. Oudenaarden - Monumenten uit Rotterdam, 1992; I. Jager - Willem Kromhout Czn., 1992

Op een wigvormig bouwterrein in het Rotterdamse havengebied ontwerpt Kromhout een magazijn met dienstwoning voor de handelmaatschappij in ijzerwaren W.B. Diepeveen & Co. Hoewel het pand eenvoudig en functioneel moest zijn en gebruik wordt gemaakt van een goedkope zwart gesintelde baksteen is in het ontwerp toch een 30 m. hoge reclametoren opgenomen. Deze toren, die zowel vanaf de weg als vanaf het water zichtbaar is, toont de firmanaam in witte letters op blauw tegelwerk en is uitgegroeid tot een beeldbepalend element. Ondanks de extra aandacht voor de hoekpartij is deze 'pittige reclametoren' altijd in onbalans met de rest van het gebouw gebleven.

▮ Kromhout designed a warehouse with a live-in unit on a wedge-shaped site in the Rotterdam docklands. It was built for W.B. Diepeveen & Co., a company dealing in ironware. Though the premises had to be simple and functional and cheap black cinder bricks were used, the design does include a 30 m. high advertising tower. The tower displays the company name in white letters on blue tiles, making it visible from both the road and the water, and has since become a landmark. Though it does effectively point up the corner, the 'hefty advertising tower' singularly fails to fit in with the rest of the building.

079 HAKA-GEBOUW/HAKA BUILDING

Vierhavenstraat 40-42

H.F. MERTENS, J. KOEMAN | 1931-1932

Post Ter Avest Van Remundt (rest.)

Bouwkundig Weekblad 1932 p.281, 1933 p.161: Het Bouwbedrijf 1934 p.105; Architectuur Rotterdam 1890-1945, 1991

Het gebouw voor de Coöperatieve Handelsvereniging 'De Handelskamer' bevatte kantoor- en bedrijfsruimte, opslagplaatsen, een silo en een fabriek. Wegens de geringe breedte van het beschikbare terrein (15 m.), ingeklemd tussen kademuur en rijweg, kragen de verdiepingen aan weerszijden 2,30 m. uit. Onder de eerste verdieping kunnen spoorwagons voorrijden; de begane grond is op laadhoogte hiervan. Het gebouw, geconstrueerd als betonskelet met lichte scheidingswanden, is onlangs vrijwel geheel gerenoveerd.

▮ Built for a cooperative wholesalers' society, 'De Handelskamer' is split into office and industrial areas, storage zones, silo and factory. Owing to the narrowness of the available site (15 m.), crammed between harbour and roadway, all but the ground floor cantilever 2.30 m. on both sides. Below the first floor are rails enabling wagons to load at ground floor level. The building, concrete-framed with lightweight wall partitions, has recently been almost entirely renovated.

 080 WONINGBOUW/HOUSING SPANGEN

Justus van Effenstraat e.o.

M. BRINKMAN | 1919-1922

L. de Jonge (rest. 1982-1985)

Bouwkundig Weekblad 1920 p.45; Stedebouw en Volkshuisvesting 1924 p.197; Forum 1960/61 p.159; Casabella 1985-juli/aug; AB 1987-6/7; J.P. Baeten - Michiel Brinkman 1873-1925, s.a.

In 1919 ontwerpt Michiel Brinkman in opdracht van de Gemeentelijke Woningdienst een complex van 273 woningen in de wijk Spangen. De mogelijkheden van het gesloten bouwblok worden hier optimaal benut. Eén groot blok van 147 x 85 m. om-sluit een binnenterrein waar enige kleinere blokken staan, alsmede een centraal hoger gebouw dat c.v.-ruimte, badhuis en fietsenstalling bevat. Door het bouwblok loopt een openbare straat die zich splitst bij het voorzieningengebouw. Nieuw is de toepassing van een galerij, een verhoogde woonstraat aan de binnenzijde van het blok. Hierdoor is het mogelijk een zeer grote dichtheid te realiseren, zonder te hoeven vervallen in ingewikkelde, veel ruimte innemende trappenhuizen. De ingangen van vrijwel alle woningen bevinden zich aan het binnenterrein. De woningen op de onderste twee lagen met tuin hebben hun entree op de begane grond. Erboven bevinden zich twee maisonnettes met een entree aan de galerij. Alle woningen bevatten een woonkamer, een keuken, toilet en drie slaapkamers. De woningen hebben centrale verwarming (voor het eerst toegepast in volkswoningbouw in Nederland) en een vuilstortkoker. Het binnenterrein wordt ontsloten door vier markante toegangspoorten, aan elke zijde één. Tien trappenhuizen en twee goederenliften (voor de handkarren van de leveranciers) leiden naar de galerij, die 2,20-3,30 m. breed is. De galerij fungeert door deze royale maatvoering als verhoogde straat: kinderspeelplaats en balkon voor burencontact en huis-aan-huisbezorgers. De galerij is van beton en verlevendigd met bloembakken, tegeltableaus en kijkspleten voor kinderen. Tussen de kolommen van de galerij zijn droogbalkons aangebracht. Er is een groot contrast tussen de strakke, ritmische straatgevels en de levendige gevel aan het binnenterrein. Elke woning heeft een buitenruimte. Door toedoen van A. Plate, directeur van de Woningdienst, en enkele socialistische wethouders wordt de aanvankelijke kritiek op het plan overwonnen. Deze is vooral gericht op het on-Hollandse karakter, de grote nadruk op collectiviteit en op de dure voorzieningen. Ook is men bang dat de combinatie van platte daken en een galerij 'gevaren van morele aard' zal opleveren. De toepassing van een galerij in de woningbouw is van zeer grote invloed geweest op de Nederlandse architectuur. Ze dient als inspiratie voor steeds nieuwe generaties architecten zoals bij de Bergpolderflat (094), de Hengelose Es, Buikslotermeer in Amsterdam-Noord en Bleyenhoek in Dordrecht. In 1984 is men gestart met de renovatie van het inmiddels wereldberoemde complex door architectenbureau L. de Jonge in nauwe samenwerking met de Rijksdienst voor Monumentenzorg. Twee maisonnettewoningen zijn samengevoegd tot één grotere vier- of vijfkamerwoning, zodat er weer gezinnen met kinderen in het complex kunnen wonen. De galerij is zorgvuldig hersteld en deels vervangen. Het oude badhuis werd kinderdagverblijf en verenigingsruimte. Het binnenterrein is autovrij gebleven.

▪ In 1919 Michiel Brinkman designed to a commission from the Municipal Housing Agency an estate of 273 dwellings in the Spangen district. The possibilities of the perimeter block were here applied to the full. One large block of 147 x 85 m. embraces an inner court containing a few smaller blocks and a central taller building comprising central heating plant, baths and bicycle shed. Running through the large housing block is a public street which forks at the facilities building. New at the time was the use of an access gallery, a raised walkway on the block's inner edge. This allowed a high housing density without resorting to complicated space-consuming stair towers. Entrances to almost all dwellings are on the inner court. Dwellings on the ground and first floors are entered at ground level and have their own garden. Above them are two maisonettes reached from the access gallery. All dwellings comprise a living room, kitchen, toilet and three bedrooms, plus central heating (the first Dutch social housing to do so) and a rubbish chute. The inner court is entered through four striking gateways, one on each side. Ten staircases and two goods lifts for tradesmen's hand-carts lead to the access gallery, 2.20-3.30 m. wide. The latter, due to its ample width, functions as a raised street, children's play area and balcony for neighbourly contact and door-to-door services. Enlivening this concrete gallery are plant boxes, tiled artwork and peep-holes for children. Between its columns are balconies for drying clothes. There is a great contrast between the taut, rhythmic street facades and the lively elevations facing the inner court. Each dwelling has an outdoor area. Due to the intervention of A. Plate, director of the Housing Agency, and various socialist aldermen, initial criticism of the plan was crushed. This was levelled especially at its 'un-Dutch' character, the emphasis on collectivity and its expensive facilities. There were fears, too, that the combination of flat roofs and access galleries would lead to 'dangers of a moral nature'. The use of an access gallery in housing was to be of enormous influence on Dutch architecture. It has served as a continuing inspiration to new generations of architects (see the Bergpolderflat (094), Hengelose Es, Buikslotermeer in Amsterdam and Bleyenhoek in Dordrecht). In 1984, work began on the renovation of this housing, by that time world-famous, by L. de Jonge's office in close collaboration with the State Department for the Preservation of Historic Monuments and Sites. Two maisonette dwellings were combined into one larger four- or five-room apartment, so that families with children could once again live on the estate. The access gallery was carefully restored and partly replaced, while the former baths became a crèche and clubhouse. The inner court continues to remain traffic-free.

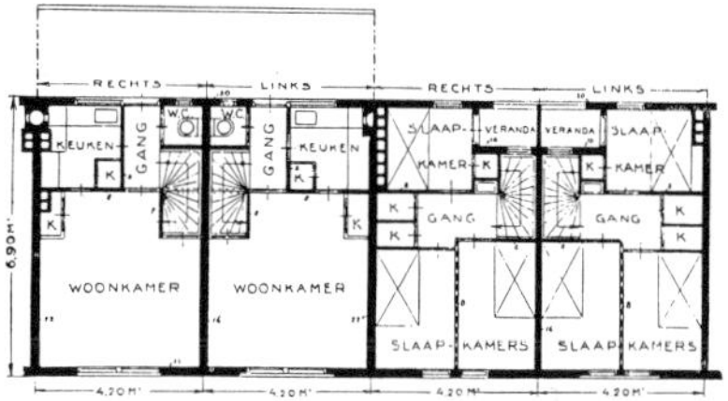
RECHTS
LINKS
RECHTS
LINKS
KEUKEN
GANG
WC
WC
GANG
KEUKEN
SLAAP-KAMER
VERANDA
VERANDA
SLAAP-KAMER
GANG
GANG
WOONKAMER
WOONKAMER
SLAAP-KAMERS
SLAAP-KAMERS
6.90 M
4.20 M
4.20 M
4.20 M
4.20 M

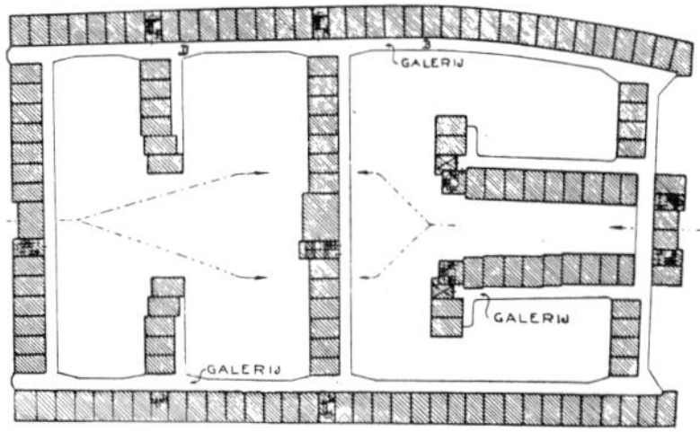
GALERIJ
GALERIJ
GALERIJ

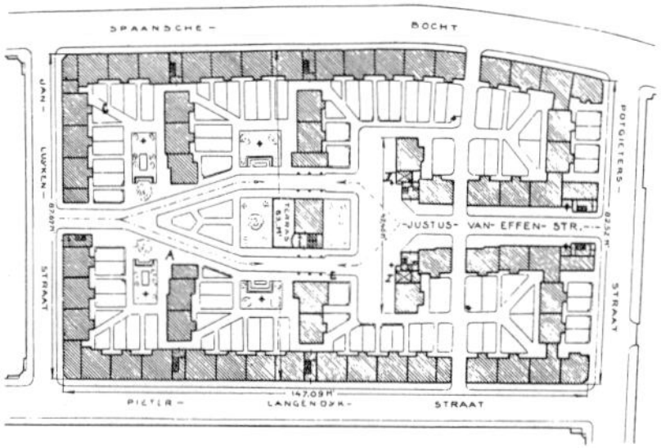
SPAANSCHE- BOCHT
JAN- LUYKEN- STRAAT
POTGIETERS- STRAAT
JUSTUS- VAN- EFFEN- STR.
PIETER- LANGEN DIJK- STRAAT
147.09 M

081 VAN NELLEFABRIEK/VAN NELLE FACTORY

Van Nelleweg 1

BRINKMAN & VAN DER VLUGT | 1925-1931

M.A. Stam (medew.), J.G. Wiebenga (constr.), M. Booy (Van den Broek & Bakema) (uitbr.)

Bouwkundig Weekblad 1929 p.97; Het Bouwbedrijf 1929 p.128; Wendingen 1930-1; L'Architecture Vivante 1933-I; Bulletin KNOB 1970 p.123; J. Geurst e.a. - Van der Vlugt, architect 1894-1936, 1983; J.H.H.M. Molenaar - Van Nelle's fabrieken, 1985

Van der Vlugt wordt bij de bouw van deze koffie-, thee- en tabaksfabriek betrokken na de dood van Michiel Brinkman. Er is dan alleen een globaal structuurplan van de indeling van het terrein bekend. Het ontwerp van de fabriek is op vele punten innoverend. Dit is naast de inventiviteit van de jonge Van der Vlugt en zijn medewerkers vooral te danken aan de inzet van de opdrachtgever C.H. van der Leeuw. Naast het optimaal functioneren van het bedrijf is grote nadruk gelegd op het creëren van verbeterde werkomstandigheden voor de arbeiders.
De eigenlijke fabriek bestaat uit een strook werkruimtes in gebouwonderdelen van aflopende hoogte; acht lagen voor de tabaksfabriek, vijf lagen met een dubbelhoge tussenlaag voor de koffiefabriek en drie lagen voor de theefabriek. De verschillende fabrieken zijn onderling gekoppeld door gebouwdelen waarin trappen, toiletten en wasruimtes en mogelijkheden voor verticaal transport zijn opgenomen. Elk trappenhuis heeft zijn eigen trapvorm. Aan de achterzijde van de tabaksfabriek ligt een magazijn met zaagtandkap. De fabrieken liggen langs een expeditiestraat en zijn via de voor het gebouw zo karakteristieke luchtbruggen verbonden met een strook expeditie- en opslagruimtes langs het water. In deze strook zijn tevens een rijwielberging, ketelhuis en werkplaatsen opgenomen.
De entree tot het terrein wordt gevormd door een vrijstaand kantoorgebouw dat de gebogen lijn van de expeditiestraat met zijn voorgevel volgt. Verspreid over het terrein liggen nog een kantine en sportvelden met enige sportgebouwtjes (inmiddels afgebroken). De betonvloeren van de fabriek worden gedragen door betonnen paddestoelkolommen. De gevel blijft daardoor kolomvrij, hetgeen tot uiting komt in de doorlopende stalen raamstroken die een maximum aan daglicht in de werkruimtes toelaten. Het kantoor bestaat uit een gebogen strook directievertrekken en een strook met de overige kantoorruimtes loodrecht op de expeditiestraat. De beiden delen zijn verbonden door een dubbelhoge open kantoorruimte met glazen wanden en glazen spreekkamers. De ronde tearoom op het dak van de tabaksfabriek is tijdens de bouw toegevoegd om blijvend te kunnen genieten van het uitzicht.
Een belangrijke medewerker van Van der Vlugt is Mart Stam. Zijn inbreng is waarschijnlijk vooral bepalend geweest voor het strakke, uiterst functionele karakter van de fabrieken. Met de meest expressieve vormen van het kantoor en de 'bonbondoos' op het dak was hij het niet eens. Toch zijn het juist deze elementen die dit functionalistische meesterwerk een architectonische meerwaarde geven. Dit is toch voornamelijk Van der Vlugts inbreng, die het objectieve functionalisme koppelt aan een humane architectuuropvatting, een werkwijze die hij deelt met Duiker en die heeft geleid tot één van de hoogtepunten van het Nieuwe Bouwen in Nederland.

▪ Van der Vlugt became involved in the construction of this coffee, tea and tobacco factory after the death of Michiel Brinkman. At that point there existed only a broad zoning plan. The factory's design is in many ways revolutionary. Acknowledging the inventiveness of the young Van der Vlugt and his colleagues, this innovation is equally attributable to the dedication of the client, C.H. van der Leeuw. Besides optimum functioning of the concern great emphasis was placed on providing improved working conditions for the employees.
The factory proper is in three volumes of decreasing height, one of eight levels for tobacco, a coffee section of five levels with a double-height entresol and a three-level tea department. These three factory zones are interlinked by volumes containing stairs, toilets, washrooms and space for lifts. Each stair tower has its own shape of stair. At the rear of the tobacco section is a warehouse with a sawtooth roof. All three zones adjoin a main service route and are further connected by bridges (almost the hallmark of this factory) to a row along the water of dispatch and storage spaces, bicycle shed, boiler house and workshops.
The entrance to the grounds is formed by a free-standing office building whose facade follows the curve of the service route. Spread across the rest of the site are sport fields with a few small outhouses (since demolished) and a canteen. The factory's concrete floor slabs are supported by concrete mushroom columns, leaving facades column-free, a state demonstrated by continuous strips of fenestration which flood the work areas with daylight. The office building consists of a curved row of managerial offices, the remainder being housed in a row at right angles to the service route. The two sections are linked by a double-height open office zone with glazed partitions and glazed cubicles. The circular tea room on the roof of the tobacco factory section was added during building to allow continued enjoyment of the view.
An important collaborator with Van der Vlugt on this venture was Mart Stam. His contribution is probably most appreciable in the taut, extremely functional character of the whole. He disagreed, however, with the more expressive forms of the office and the 'chocolate box' on the roof. Yet it is these elements, chiefly the work of Van der Vlugt, which give this Functionalist masterpiece its architectural superiority. This combination of an objective Functionalism and a humane view of architecture, an approach Van der Vlugt shared with Duiker, resulted in one of the absolute pinnacles of the Dutch Modern Movement.

082 KANTOORGEBOUW/OFFICE BUILDING EUROPOINT

Marconistraat 2

SKIDMORE, OWINGS & MERRILL (SOM) | 1971-1975

W.E. Dunlap, M. Goldschmidt, G.J. Jarik (proj.)

Wonen-TA/BK 1979-16/17, 1980-5/6; Architectuur Rotterdam 1970-1995, 1995

Het ontwerp voor een uit twee torens bestaand Wereld Handels Centrum in de Leuvehaven verrees in licht gemodificeerde vorm als het drie torens tellende Europoint-complex aan het Marconiplein. De twee door een laag entreegebouw verbonden torens zijn eigendom van de gemeente en huisvesten het stadstimmerhuis, de derde toren is verhuurd. De gevels, opgebouwd uit witte travertin-platen en in bronskleurige kozijnen gevat donker getint glas, ogen rationeel en abstract, maar zijn uiterst esthetisch doordacht. Door een subtiele verbreding van slechts enkele centimeters per verdieping is een perspectiefcorrectie aangebracht.

▪ The design for a World Trade Centre in two towers at Leuvehaven was realized in a slightly modified form as the Europoint three-tower complex on Marconiplein. The two towers linked by a low entry block belong to the council and house the Urban Planning and Public Housing Agency; the third is rented. The elevations of white travertine cladding and tinted glass in bronze-coloured frames look rational and abstract yet have been given every aesthetic consideration. A subtle widening of just a few centimetres per storey is a perspective correcting device.

083 ROTTERDAMSE CITRUSVEILING/FRUIT AUCTION COMPLEX

Marconistraat 25

H.A. MAASKANT | 1951-1955

P.W. van Dommelen (proj.)

Architectuur Rotterdam 1945-1970, 1993

Het gebied rond de Merwehaven is voornamelijk in gebruik voor de overslag van fruit. De Citrusveiling bestaat uit een compact, door de trapeziumvorm van de veilingzaal gedomineerd veilinggebouw en een langwerpig bouwdeel met kantoor- en opslagruimtes voor twee handelsmaatschappijen. De expressieve voorgevel, de plastische, soms uitkragende gebouwdelen en de grotendeels transparante hal op de begane grond, alsmede details als de erkervormige telefooncellen en de gekozen bouwmaterialen geven het gebouw een typische jaren-vijftigsfeer. Een geslaagd voorbeeld van Van Tijens 'huwelijk tussen beton en baksteen', uitgevoerd door zijn compagnon Maaskant en diens medewerker Van Dommelen.

▪ The area around Merwehaven is mainly used for the transshipment of fruit. The Citrusveiling or fruit auction complex combines a compact auction block dominated by the trapeziform auction hall, and an elongated section of offices and storage spaces belonging to two trading companies. The expressive front facade, the plastic, occasionally cantilevered volumes and the largely transparent ground-floor hall as well as details like the bay window-shaped call boxes and choice of building materials add up to a typical fifties ambience.

084 DIRECTIEKEET/SITE OFFICE OUD-MATHENESSE

Aakstraat

J.J.P. OUD | 1923

W. Patijn (rest. 1993)

L'Architecture Vivante 1924-I; H. Oud - J.J.P. Oud, Architekt 1890-1963, 1984; S.U. Barbieri - J.J.P. Oud, 1987; B. Colenbrander - Het Witte Dorp, 1987

De tijdelijke directiekeet bij de bouw van de eveneens tijdelijke woonwijk Oud-Mathenesse is met Café De Unie (043) de enige gebouwde getuigenis van Ouds lidmaatschap van De Stijl. Het gebouw bestaat uit drie ineengeschoven volumes met elk een eigen kleur. In interieur en exterieur is gebruik gemaakt van de decoratieve eigenschappen van hout. Nadat het enige tijd als buurtwinkel had gefungeerd werd het in verval geraakte gebouwtje in de oorlog opgestookt. Na de sloop van Ouds Witte Dorp in 1989 en de herbouw naar ontwerp van Paul de Ley (085) werd een replica van de keet bezijden de wijk geplaatst.

▪ The temporary site office which was erected during the construction of the equally temporary Oud-Mathenesse housing estate is, together with Café De Unie (043), the only built evidence of Oud's De Stijl membership. The shed consists of three interlocking volumes, each with its own colour. Oud made use both inside and out of the decorative properties of wood. For a time it served as a neighbourhood shop and during the war the dilapidated little building ended up as firewood. After Oud's 'Witte Dorp' (White Village) was pulled down in 1989 and rebuilt to Paul de Ley's plan (085), a replica of the site office was built alongside it.

085 HET WITTE DORP/THE WHITE VILLAGE
Aakstraat/Baardsestraat
P. DE LEY | 1986-1992
Archis 1986-8; Architectuur Rotterdam 1970-1995, 1995

In 1985 besluit de gemeente dat het befaamde Witte Dorp van J.J.P. Oud om bouwtechnische redenen niet langer gespaard kan blijven. Het centraal gelegen plein met oude populieren en wilgen is behouden, evenals de door de bewoners gekoesterde dorpse sfeer. Ouds verkaveling in ringen rond het plein is vervangen door een verkaveling van evenwijdige stroken waarbij de tussenruimte tussen de woningen afwisselend bestaat uit tuinen en straten die vrijwel allemaal uitkomen op het plein. De woningen kennen een grote diversiteit aan plattegronden, variërend van drie- tot zeskamerwoningen. De plastische gevels bestaan uit een plint van rode en een bovenbouw van witte betonsteen, kleuren die verwijzen naar het oude Witte Dorp.

▪ In 1985 the City of Rotterdam decided that the famous White Village of J.J.P. Oud was structurally too far gone for further preservation. The central square with its ancient poplars and willows was retained as was the village ambience fostered by the inhabitants. Oud's layout in rings around the square has been replaced by a configuration of parallel rows, the intermediate space between houses alternating gardens and streets almost all of which lead into the square. The houses run the gamut of floor plans and vary between three- and six-room units. Their sculptural facades are in white concrete brick above a red plinth, colours that refer to the old White Village.

086 WONINGBOUW/HOUSING SPRANGEN BLOCK VIII & IX
Van Harenstraat/Jan Luykenstraat/Pieter Langendijkstraat
J.J.P. OUD | 1919-1920
Bouwkundig Weekblad 1923 p.15; Plan 1981-9

In dienst van de gemeente Rotterdam ontwerpt Oud enkele woningblokken in de nieuwe wijk Spangen. Deze zijn bijzonder gehavend uit de recente stadsvernieuwingsoperatie in deze wijk gekomen. In blok I en V, ontworpen in samenwerking met Meischke & Schmidt, herinnert alleen nog de doorlopende plint aan de originele architectuur; in het gedeelte van Oud zijn zelfs de kappen afgetopt. Blok IX, waarin Oud experimenteert met een collectieve binnentuin, is gesloopt en vervangen door nieuwbouw en een speelterrein. Van blok VIII is alleen de hoekbebouwing en de onderrand enigermate behouden; de rest van de gevels is gestuct.

▪ As City Architect to Rotterdam Oud designed a number of housing blocks in the new district of Spangen. These took quite a battering during the recent urban renewal operations in this area. Of blocks I and V, designed in association with Meischke & Schmidt, only the continuous plinth recalls the original architecture; the roofs have even been levelled off in the section designed by Oud. Block IX, in which he experimented with a communal garden, has been demolished and replaced with new development and a playground. Of block VIII only the corner development and the bottom edge remain; the rest of the frontage has been plastered over.

087 PENITENTIAIRE INRICHTING/PENITENTIARY DE SCHIE
Abraham van Stolkweg/Prof. Jonkersweg 7
C.J.M. WEEBER | 1985-1989
B. Bonies, A. Eikelenboom, P. Struycken (b.k.)
de Architect 1986-4/5/6, 1990-1; Archis 1990-1; Bouw 1989-20, 1990-20; Architectuur in Nederland. Jaarboek 1989-1990; Architectuur Rotterdam 1970-1995, 1995

Weebers flirt met het classicisme en de rationalist Durand resulteert in een volledig gesloten gebouw met felgekleurde gevels, omgeven door een vijf meter hoge rustica-achtige gevangenismuur. Het rechthoekige gebouw van 80 bij 200 meter bevat twee binnenplaatsen. De 252 cellen liggen aan de lange zijden van de binnenplaatsen; de recreatieruimtes aan de korte zijden; alle ruimtes zijn op de binnenplaatsen georiënteerd. Ook in het interieur spotten de vrolijke kleuren en kunsttoepassingen met de grimmigheid van de opgave.

▪ Weeber's flirtation with Classicism and the Rationalist Durand has resulted here in a fully blank walled block with facades in vivid colours, surrounded by a rusticated prison wall five metres high. The rectangular building of 80 x 200 m. enfolds two courtyards. The 252 cells flank the long sides of the courtyard, the recreation rooms the short sides; all spaces look onto the courtyards. In the interior too the gay colours and art work poke fun at the grim nature of the brief.

088 WONINGBOUW/HOUSING KLEINPOLDER

Abtsweg e.o.

C.I.A. STAM-BEESE | 1947-1955

H. van Schagen (rest.)

Bouw 1950 p.802; Polytechnisch Tijdschrift Bouwkunde 1952 p.251; Forum 1953 p.180; Bouw 1990-12/13; Renovatie en Onderhoud 1991-6; H. Damen - Lotte Stam-Beese 1903-1988, 1993; Architectuur Rotterdam 1945-1970, 1993

Kleinpolder, de eerste naoorlogse woonwijk, is opgedeeld in acht woningcomplexen van 100 tot 550 woningen, gelegen aan een rondweg die een gedeelte van de bestaande dorpsbebouwing en forenzenwoningen insluit. De woonblokken, grotendeels laag- en middelhoogbouw van twee tot vier woonlagen, zijn volgens varianten op de open strokenverkaveling in een open ruimtelijke opzet gegroepeerd. Kleinpolder vormt de opmaat tot Pendrecht (157). Het gedeelte Welschen 7 is ingrijpend gerenoveerd, waarbij een deel van de oorspronkelijke betonconstructie als monument is gespaard.

▮ Kleinpolder, the first district to be built after World War II, divides into eight housing complexes each of 100 to 550 units set against a circular road that enfolds part of the existing village development and commuter dwellings. The blocks, mainly low- and medium-rise of between two and four levels, are grouped in an open spatial configuration based on variants of the open row layout. Kleinpolder was the springboard to Pendrecht (157). One part of it, Welschen 7, has been drastically renovated, though sparing some of the original concrete construction as a monument.

089 VOORZIENINGENCENTRUM/COMMERCIAL UNITS

Cairostraat

VAN DUIVENBODE & DE JONG | 1993-1994

Tj. de Jong (proj.)

AB 1995-9

Dit gebouw bestaat uit een verzameling kleine kantooreenheden die op een onderlaag met winkelvoorzieningen zijn geplaatst. Uit de twee bouwlagen van het kantoordeel zijn alternerend aan de voor- en achterzijde vierkante delen uit de massa genomen zodat kubussen van 7,20 m., de kleinst verhuurbare kantoormaat, overblijven. De kantoren worden ontsloten door een centrale gang en een viertal trappenhuizen. Openingen in de kantoorgevel zijn gericht op de 'binnenplaatsen' zodat de gevel van het totale gebouw bestaat uit een ritme van gesloten vierkanten die elk in de bovenhoek zijn voorzien van een reclamevierkant. De gevels zijn bekleed met gepotdekselde houten delen.

▮ Here an assemblage of small office units sits on a ground-level layer of commercial facilities. Squares have been hewn from the mass front and back of the two office levels, leaving cubes of 7.20 m., the minimum permissible dimension of lettable office space. The offices are reached off a central corridor and four stair towers. Openings in the office frontage look towards the internal courts, so that the overall frontage breaks into a rhythm of contained squares each decked out with a smaller square for advertising in the upper corner. Cladding is in weatherboarded timber.

090 DIERGAARDE/ZOO BLIJDORP

Van Aerssenlaan 49

S. VAN RAVESTEYN | 1937-1941

P. den Besten, L. Bolle, A. Canta, D. Elffers, W. van Kuilenburg, J. Uiterwaal, P. Worm (b.k.)

Bouwkundig Weekblad 1959 p.146; H. Blotkamp e.a. - S. van Ravesteyn, 1977; Joh. de Vries - Diergaarde Blijdorp, 1986; Architectuur Rotterdam 1890-1945, 1991

Gegroepeerd langs de hoofdas in de lengterichting van het park liggen de diverse dierenverblijven en -weiden. Het hoofdgebouw, de Rivièrahal, staat in verbinding met de hallen voor apen, dikhuiden en tropische dieren. In de decoratie van de gebouwen is geprobeerd de herkomst van de dieren te symboliseren. De gebogen lijn, een terugkerend vormthema in Van Ravesteyns werk, is ook in dit ontwerp alom aanwezig. Veel gebouwen, zoals de Rivièrahal, zijn in de loop der jaren verbouwd of vervangen door nieuwbouw waardoor het totaalconcept van de dierentuin nogal is aangetast.

▮ Indoor and outdoor accommodations of animals are grouped along the principal axis following the length of the park. The main block, the Rivièrahal, adjoins the houses for primates, pachyderms and tropical fauna. Each building's decoration sets out to symbolize its occupant's place of origin. The curve, a recurring formal theme in Van Ravesteyn's work, is here to be found in abundance. Many of the buildings have been altered over the years, such as the Rivièrahal, or replaced, at the expense of the zoo's overall concept.

091 SCHOLENCOMPLEX/SCHOOL COMPLEX TECHNIKON, HOFPLEINTHEATER/THEATRE

Schiekade/Benthemstraat

MAASKANT, VAN DOMMELEN, KROOS, SENF | 1955-1970

M.C. de Koning (medew.), K. Appel (b.k.)

Bouw 1960 p.262, 1971 p.1354, 1766, 1882, 1904; Polytechnisch Tijdschrift Bouwkunde 1971 p.737; H. Fluks e.a. - Architect H.A. Maaskant (1907-1977), 1983; Architectuur Rotterdam 1945-1970, 1993

In dit enorme scholencomplex zijn acht technische scholen ondergebracht. Het complex bestaat uit drie vrijstaande gebouwdelen die door middel van een doorlopende onderbouw zijn gekoppeld. Het tien verdiepingen hoge, 220 m. lange en 22,5 m. diepe hoofdgebouw volgt de curve van de Hofpleinspoorlijn. De gezamenlijke aula, ook in gebruik als theater, halverwege het hoofdgebouw is voorzien van een expressieve beton- en glas-in-lood-sculptuur van Karel Appel. Het tussengebouw haaks op het hoofdgebouw vormt de verbinding met een toren van elf bouwlagen waarin acht gymzalen en een zwembad zijn ondergebracht.

▪ This vast complex housing eight technical schools consists of three freestanding volumes atop and linked by a continuous basement. The main block, ten storeys high, 220 m. long and 22.5 m. deep, follows the curve of the overhead railway line. The shared great hall halfway along the main block that doubles as a children's theatre, sports an expressive sculpture by Karel Appel. The intermediate building square to the main block links the latter to the eleven-storey tower boasting eight gymnasiums and a swimming pool.

092 WOONGEBOUW/HOUSING BLOCK AGNIESEBUURT

Vrouw Jannestraat

DKV | 1984-1988

Archis 1989-2; Bouw 1990-8; Architectuur in Nederland. Jaarboek 1988-1989

In plaats van het gevraagde gesloten bouwblok stelden de architecten een transparante strokenverkaveling voor, bestaande uit een hoog woongebouw en een lager blok met werkplaatsen en woningen daarboven. Door deze stapeling ontstond ruimte voor een openbaar plein. De woningen in de eerste lagen van het woongebouw zijn gericht op het plein; de hoger gelegen door een galerij ontsloten woningen zijn gericht op de stad. Dit gebouw dat kan worden gezien als een hommage aan het modernisme toont aan dat het schijfvormige flatgebouw, mits zorgvuldig ontworpen, als gebouwtype nog steeds levensvatbaar is.

▪ In place of the required perimeter block the architects proposed a transparent row development combining a tall housing slab with a low-rise block of business premises with dwellings above. This stacking created space for a public square. The dwellings on the two lowest levels of the housing slab are oriented to the square; those on the upper floors, reached from access galleries, to the city. This homage to modernism proves that the slab-shaped apartment block, if designed with care, is still a practicable building type.

093 WONINGBOUW/HOUSING HOFDIJK

Stroveer e.o.

J. VERHOEVEN | 1977-1983

de Architect 1978-6; Bouw 1984-13; Architectuur Rotterdam 1970-1995, 1995

In dit project is getracht een woonwijk te ontwerpen met een 'eigen en tevens Rotterdamse' identiteit door de Rotte in een lus door het plan te trekken, een wijkeenheid op te bouwen uit kleine overzichtelijke elementen waarin door de repeterende 'Rotterdamse' kappen het individuele huis herkenbaar blijft, de woningen door een verhoogde woonstraat zoveel mogelijk vanaf de 'straat' te ontsluiten, en een sfeer te scheppen waarin 'een zo rijk mogelijke afspiegeling van het leven tot uitdrukking komt'.

▪ This project was an attempt to design a housing estate 'with an individual identity yet part and parcel of Rotterdam'. This was done by having the River Rotte thread through the plan; by building up a whole from small manageable elements in which repeated use of stylized 'Rotterdam roofs' allows the individual unit to remain recognizable; by means of 'streets in the air' to provide units with as much 'street' access as possible; and by creating an atmosphere in which 'the fullest possible reflection of life may be expressed'.

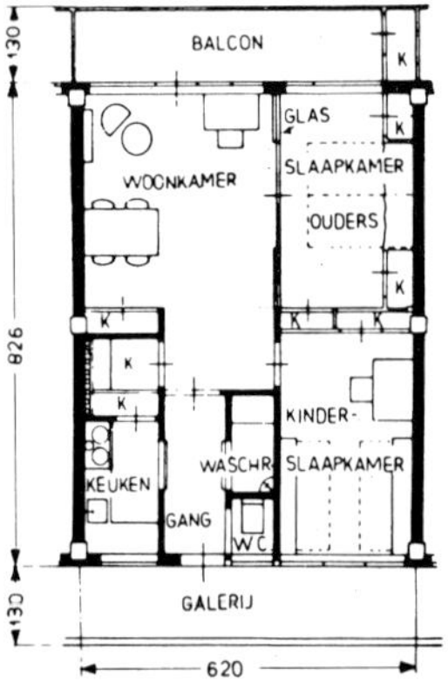

094 BERGPOLDERFLAT/BLOCK OF FLATS

Abraham Kuyperlaan/Borgesiusstraat

W. VAN TIJEN, BRINKMAN & VAN DER VLUGT | 1932-1934

Op ten Noort Blijdenstein (rest.)

Bouwkundig Weekblad 1934 p.361; De 8 en Opbouw 1934 p.45; Het Bouwbedrijf 1934 p.173, 1935 p.243; J. Geurst e.a. - Van der Vlugt, architect 1894-1936, 1983; Archis 1989-2

De Bergpolderflat vormt in feite het prototype voor vele later gebouwde schijfvormige woongebouwen. Ondanks het feit dat in Amsterdam hoogbouw voor arbeiderswoningen door de gemeente economisch onverantwoord wordt geacht en de woontoren voor beter gesitueerden aan het Victorieplein een commerciële mislukking blijkt, durven een aantal Rotterdamse ondernemers de proef met hoogbouw voor arbeiders aan. In tegenstelling tot de formele uitgangspunten van de Amsterdamse toren (een verticaal accent in Berlages plan voor Amsterdam-Zuid) zijn de Rotterdamse motieven voor hoogbouw economisch, sociaal en praktisch van aard. Men gaat uit van de hygiënische voordelen van de toetreding van zonlicht en lucht en de mogelijkheden tot aanleg van ruime groenvoorzieningen tussen de blokken, gekoppeld aan de economische voordelen van een vergaande standaardisatie en prefabricage om tot concurrerende huurprijzen te komen. Het gebouw bestaat uit negen woonlagen van elk acht door een galerij ontsloten identieke woningen. De galerijen zijn bereikbaar via een lift achter het glazen trappenhuis op de kop van de schijf. Omdat de lift stopt op een tussenbordes worden telkens twee galerijen per stopplaats ontsloten. De woningen, inwendig zes meter breed en acht meter diep, zijn verdeeld in een smalle en een brede zone. De brede zone bevat aan de galerijzijde de entree, de keuken, een toilet en een wasruimte en aan de balkonzijde de woonkamer. De smalle zone bevat een kinderslaapkamer aan de galerijzijde en een ouderslaapkamer aan de balkonzijde. De wand tussen de woonkamer en de ouderslaapkamer is geheel beglaasd en voorzien van schuifdeuren. De constructie bestaat uit een staalskelet met windkruisen tussen de in lichte drijfsteen uitgevoerde scheidingswanden. De vloeren zijn van hout, om de drie verdiepingen afgewisseld door een brandvrije betonvloer. Trappen, galerij- en balkonvloeren zijn van geprefabriceerd beton. De houten puien met stalen bewegende delen zijn eveneens geprefabriceerd. Op de begane grond bevinden zich bergingen en nog steeds functionerende was- en droogcellen. Hier was tevens ruimte gereserveerd voor een crèche. Door een lager gebouwdeel loodrecht op de schijf langs de straat te leggen voegt het op zich vreemde hoogbouwelement zich in het stratenpatroon van zijn omgeving, krijgt de entree een accent en wordt de collectieve tuin van de straat afgeschermd. Het zijn vooral deze extra voorzieningen die het wonen in deze hoogbouw een kwaliteit gaven die in de latere navolgers vrijwel ontbreekt, waardoor de ontegenzeglijke nadelen van hoogbouw niet meer worden gecompenseerd. De kleine woningen zijn inmiddels aangepast aan de huidige normen

▪ The Bergpolderflat constitutes the prototype for many later slab-shaped housing blocks. Despite the fact that Amsterdam Municipality had condemned as economically irresponsible the housing of workers in high-rise blocks, and the tower block of flats 'for the better off' on Victorieplein had proved a financial disaster, several Rotterdam contractors plucked up courage and tackled the problem of high-rise housing for workers themselves. As opposed to the formal premises behind the Amsterdam block (among them a vertical accentuation for Berlage's Amsterdam-Zuid masterplan), reasons to build high in Rotterdam were by nature economical, social and practical. They were based on the advantages to health of sun and daylight penetration, the possibilities of ample green space in-between blocks and the economic advantage of a thorough-going standardization and prefabrication, leading to competitive rents. The building consists of nine levels of housing each containing eight identical gallery flats. The access galleries are reached using a lift behind the glazed stair tower at the building's head, which stops at intermediary levels each serving two galleries. The dwelling units, each six metres wide by eight metres deep, are subdivided into a narrow and a wide zone. The latter contains on the access gallery side entrance, kitchen, toilet and washroom, with the living room on the balcony side. The narrow zone comprises a children's bedroom on the gallery side and the master bedroom adjoining the balcony. The structure consists of a steel frame with X-shaped wind braces between partition walls of lightweight sandstone. Floors alternate upwards between two of wood and one of concrete as a fire precaution. Stairs, access galleries and balcony floors are of prefabricated concrete. Timber fronts with movable steel sections are prefabricated too.

On the ground floor are storage spaces, and washing and drying facilities which are still used today. Space was also provided for a children's nursery. By placing along the street a lower volume at right angles to the slab, the latter, in itself an alien element, has been scaled to its surroundings, its entrance accentuated and the communal gardens screened from the street. These extra facilities are the main reason why living in this high-rise block has a quality almost entirely lacking in its successors in which the undeniable disadvantages of high-rise are no longer compensated for. The small dwelling units have since been adapted to suit current norms.

095 WONINGBOUW/HOUSING DE EENDRACHT

Vroesenlaan/Van der Horststraat/Navanderstraat

J.H. VAN DEN BROEK | 1929-1935

Bouwkundig Weekblad 1936 p.225; R. Stroink - Ir. J.H. van den Broek, 1981; Architectuur Rotterdam 1890-1945, 1991

Dit project neemt een centrale plaats in bij de overgang van gesloten bouwblok naar open (stroken)verkaveling. Het bouwblok met een kleuterspeelzaal in de hoek is open naar de parkzijde en omsluit een grote siertuin. De woningen liggen een halve verdieping boven straatniveau; eronder is ruimte voor bergingen, was- en speelruimte. De woningen zijn geconstrueerd in een beton-skelet, een zeldzaamheid in die tijd. Door glazen schuifpuien is de indeling van de woning te wijzigen van een dag- in een nachtvariant.

▪ This project occupies an important place in the transition from perimeter block to open (row) planning. The housing block with a children's playroom in one corner is open on the park side and enfolds a large ornamental garden. The dwellings are raised half a storey above street level allowing for storage, wash and play space below and are concrete-framed, a rarity in those days. Sliding glass partitions allow different internal subdivision of the houses for day and night.

096 WOONHUIS/PRIVATE HOUSE GESTEL

Bentincklaan 23

J.H. VAN DEN BROEK | 1937-1939

R. Stroink - Ir. J.H. van den Broek, 1981

De woning is gesitueerd op de kop van een rij woningen en heeft alle kenmerken van een functionalistische 'witte' villa: een flexibele plattegrond met schuifwanden; witgepleisterde wanden; langwerpige stroken stalen ramen; een staalskelet, zichtbaar (bekleed) in gevel en bij de balkons; een dakterras met als vrije vorm een logeerkamer. De woning is in vrijwel ongewijzigde staat, afgezien van de opbouw rond het trappenhuis uit de jaren vijftig.

▪ This residence, standing at the head of a row of houses, has all the features of a Functionalist 'white' villa: a flexible plan with sliding partitions; white-rendered walls; elongated strips of steel-framed windows; a steel structure, clad but visible in the facade and at the balconies; and a roof terrace with a free-form spare room. The house has changed little over the years, except for a small staircase extension dating from the fifties.

097 MONTESSORILYCEUM/SECONDARY SCHOOL

Schimmelpenninckstraat 20

VAN DEN BROEK & BAKEMA | 1955-1960

J.M. Stokla (proj.)

Bouw 1960 p.1170; Bouwkundig Weekblad 1960 p.317; Bauen+Wohnen 1959 p.383; Architecture d'Aujourd'hui 1961 feb/mrt; J. Joedicke - Architektur und Städtebau, 1963

De diverse ruimtes zijn gesitueerd aan een lange gang over twee verdiepingen; deze gang varieert in breedte en functioneert plaatselijk als overblijf-, expositie-, studie- en ontmoetingsruimte. Het gebouw bestaat uit een stafvleugel boven de weg, een conciërgewoning, een aula over twee verdiepingen in het hart van de school, een rij vaklokalen, en aan het eind een gymnastieklokaal. De theorielokalen zijn in de hoogbouw geconcentreerd. Elke functie heeft een eigen architectonische uitdrukking in ruimtevorm, gevel en constructie.

▪ The various spaces are ranged along a lengthy corridor two storeys high. This corridor is of changing width and variously serves as space for exhibitions, study, encounter and for those lunching at school. The building comprises a staff wing above the road, a porter's lodge, a central double-height aula, a row of classrooms and at the far end a gymnasium. The theoretical side is concentrated on the upper floor. Each function has its own architectonic expression in spatial form, facade and structure.

098 WONINGBOUW/HOUSING UNGERPLEIN
Ungerplein/Schiekade
J.H. VAN DEN BROEK | 1931-1936
Het Bouwbedrijf 1936 p.75; R. Stroink - Ir. J.H. van den Broek, 1981

De bebouwing vormt een plein aan de Schiekade: een traditionele straatwand met poorten wordt gecombineerd met een flatgebouw van twaalf lagen. Per verdieping zijn rond een trappenhuis en lift twee luxueuze woningen gesitueerd; de grote woning is gericht op de verkeersweg, de kleinere op het plein. Het gebouw is geconstrueerd als betonskelet. Op de begane was een restaurant gevestigd. De flat is gerenoveerd en bevat nu kantoren.

▪ This development, forming a square off the Schiekade, combines a traditional street wall with a twelve-storey block of flats. On each floor around a staircase and lift are two luxurious apartments, the larger facing the main street and the less-large the square. Originally there was a restaurant on the ground floor of this concrete-framed building. The block of flats has since been renovated and now contains offices.

099 WOONHUIS/PRIVATE HOUSE SNOEK
C.N.A. Looslaan 15
J.H. VAN DEN BROEK | 1937-1939
R. Stroink - Ir. J.H. van den Broek, 1981

De woning bestaat formeel en functioneel uit drie hoofdvolumes: een entreegedeelte, een woongedeelte en een garage met logeerkamer. Om optimaal van het riante uitzicht over de plas te kunnen profiteren is het woongedeelte een half niveau boven het maaiveld geplaatst. De grote woonkamer is d.m.v. schuifwanden in drie gedeeltes te verdelen. De gevel aan de straatzijde is gesloten en van gepleisterde baksteen, de achtergevel is vrijwel geheel beglaasd. Het interieur is ingrijpend gewijzigd.

▪ This house consists in both form and function of three main volumes: an entrance area, a living area and a garage plus spare room. The living area has been raised half a storey to make the most of the superb view across the lake. The large living room can be subdivided into three using sliding partitions. While the street elevation is introverted and of rendered brick, the rear is virtually all glass. The interior has since undergone drastic revision.

100 WOONHUIS/PRIVATE HOUSE VAN BUCHEM
Offenbachlaan 5
VAN DEN BROEK & BAKEMA | 1960-1961
Bauen+Wohnen 1963 p. 138; Architectuur Rotterdam 1945-1970, 1993

De architectuur van dit woonhuis is kenmerkend voor het robuuste, expressieve functionalisme van Bakema. De hoofdvorm is een min of meer vierkante plattegrond, waarbij de verschillende ruimtes rond een binnenhof zijn gegroepeerd. De ruimtelijke opbouw bestaat uit een sequentie van steeds meer open ruimtes; van gesloten slaapkamers, via een halfopen entree/keukenblok naar de naar het zuiden uitwaaierende woonruimtes. Het materiaalgebruik is beperkt tot beton, schoon metselwerk en hout. De houten daklijn en de betonnen onderrand zijn gescheiden door een in hoogte wisselende glasstrook.

▪ Pervading the architecture of this private house is Bakema's robust, expressive functionalism. The main shape is an almost square plan that groups the spaces around an internal court. Spatially the design configures as a sequence of increasingly generous spaces, from contained bedrooms by way of a half open entry/kitchen block to the living zone fanning out to the south. The materials are restricted to concrete, exposed brick and wood. The timber cornice line and concrete upstand wall are separated by glazing of varying height.

101 WOONHUIS/PRIVATE HOUSE UITENBROEK

Prinses Beatrixplantsoen 24

H.P.C. HAAN | 1957

Bouwkundig Weekblad 1956 p.533; Architectural Design 1957-jan; de Architect 1991-11; Architectuur Rotterdam 1945-1970, 1993; P. Vollaard - Herman Haan, architect, 1995

De compositie van dit woonhuis bestaat uit twee loodrecht geschakelde, rechthoekige volumes. Een blok van twee verdiepingen bevat de slaap- en dienstvertrekken. Dit blok is door middel van een dubbelhoge traphal verbonden met een woonkamerblok op de verdieping. Door deze verhoogde positie biedt de woonkamer uitzicht op de Bergse Plas. Het oorspronkelijk uitkragende deel van dit woonkamerblok wordt gedragen door een roodgeverfd stalen portaal. Het overdekte terras onder het woonkamerblok is jammer genoeg dichtgebouwd, maar verder is deze woning nog steeds een sprekend voorbeeld van de optimistische wederopbouwarchitectuur.

▪ This house is configured as two rectangular volumes set at right angles. A two-storey block containing the bedrooms and servant zone is joined by a double-height stairwell to a living room block on the upper storey overlooking the waters of Bergse Plas. The originally cantilevered section of the latter block is supported by a red-painted steel portal. The roofed terrace beneath the living room block regrettably has since been built in; otherwise this house is still an eloquent example of the optimistic architecture of Rotterdam's postwar reconstruction.

102 CALANDLYCEUM/SECONDARY SCHOOL

Jasonweg/Argonautenweg 55

KUIPER, GOUWETOR & DE RANITZ | 1957-1962

P. Mulder, F.J. Gouwetor (proj.)

Bouw 1959 p.320; Polytechnisch Tijdschrift Bouwkunde 1961 p.321; Bouwkundig Weekblad 1965 p.7; Architectuur Rotterdam 1945-1970, 1993

Dit scholencomplex bestaat uit een hoofdgebouw, vier vrijstaande lokalenpaviljoens en een gymnastiekgebouw. De lokalenpaviljoens bestaan uit twee bouwlagen met elk drie theorielokalen. Ze zijn verbonden met het hoofdgebouw door middel van een glazen luchtbrug. Deze bevindt zich halverwege de twee bouwlagen zodat het traplopen wordt beperkt. Het hoofdgebouw bestaat uit een centrale dubbelhoge aula c.q. kantineruimte die wordt omgeven door stafruimtes en vaklokalen. Het hoger gelegen dak van de aula bestaat uit voorgespannen, gebogen betonschalen die rusten op kleine stalen kolommetjes.

▪ This secondary school complex consists of a main block, four freestanding classroom pavilions and a freestanding gymnasium. The pavilions, each with two levels of three theory classrooms, are linked to the main block by a glazed footbridge set halfway between levels to keep stair climbing to a minimum. In the centre of the main block is a double-height assembly hall cum canteen surrounded by staffrooms and labs. The roof of the hall rising above the rest is a composition in prestressed curved concrete shells supported by small steel columns.

103 INDUSTRIEGEBOUW/INDUSTRIAL BUILDING

Goudsesingel 82

H.A. MAASKANT, W. VAN TIJEN | 1948-1951

Forum 1949 p.64, 1953 p.136; Werk 1949 p.64; Bouwkundig Weekblad 1951 p.388; Architectuur Rotterdam 1945-1970, 1993

Direct na de oorlog bestaat er grote behoefte aan bedrijfspanden, met name aan verhuurbare eenheden voor kleine bedrijven. Dit industriegebouw is op verschillende manieren in te delen en bevat collectieve ruimtes voor expeditie en opslag en een personeelskantine op het dak. Van Tijen experimenteert hier met zijn naoorlogse 'huwelijk' tussen beton en baksteen. Een eerder vergelijkbaar industriegebouw (Oostzeedijk 208-224), vanwege de schaarste aan cement en betonijzer geheel in baksteen uitgevoerd, is door renovatie onherstelbaar verminkt.

▪ Immediately after the war there arose a great need for commercial properties, particularly rentable units for small companies. This industrial building is variously subdivisible and includes communal zones for dispatch and storage and a staff canteen on the roof. Here Van Tijen was experimenting with his postwar marriage of concrete and brick. An earlier comparable industrial building (Oostzeedijk 208-224), erected entirely in brick due to the scarcity of cement and iron for reinforcement, has been permanently mutilated by renovation.

104 AMMANSTICHTING
Ammanplein, Queridostraat
H.V. GERRETSEN | 1959-1962
Bouw 1963 p.1458; Architectuur Rotterdam 1945-1970, 1993

In deze Inrichting voor het Doofstommenonderwijs is een veelheid aan functies ondergebracht: lesruimtes voor een in leeftijd en functioneren uiteenlopende groep doofstomme kinderen, een audiologisch en pedologisch centrum en beperkte woonruimte voor leerlingen. Deze zijn ondergebracht in drie bouwvolumes: een hoofdgebouw in negen bouwlagen met een vrijstaande trap/lifttoren, een trosvormig paviljoen in vier lagen met leslokalen en een apart gebouw met gymnastieklokalen. Bij het ontwerp is grote aandacht besteed aan de akoestiek en de lichtval van de ruimtes.

▮ A great many functions are brought together in this institution for the education of deaf and dumb children, including classrooms graded in age and degree of ability, an audiological and paedological centre and restricted living space for pupils. These are accommodated in three volumes; a nine-storey main building served by a freestanding stair and lift tower, four storeys of classrooms in a clustered pavilion and a discrete gym block. Light incidence and acoustics were key considerations in the design.

105 LEGER DES HEILS/SALVATION ARMY BUILDING
Gerdesiaweg/Hoge Boezem
VAN DUIVENBODE & DE JONG | 1993-1995
AB 1995-9

In deze hoofdvestiging van het Leger des Heils zijn alle activiteiten van het Leger behalve de opvang van daklozen verzameld. Het vormt het hoekstuk van een bouwblok langs de Hoge Boezem. De hoofdopzet is eenvoudig: een voorzieningen- en verkeersstrook aan de achterzijde met een vrij indeelbare kolomvrije ruimte daarvoor die per verdieping naar gelang de specifieke functie wordt ingevuld. De belangrijkste ruimte is de dubbelhoge kerkzaal op de eerste verdieping. De omloop rond deze kerkzaal manifesteert zich in de buitengevel als een uit het kubusvormige hoofdvolume stekende massa. Om het monoliete karakter van het gebouw te benadrukken is een groot deel van de gevel voorzien van wit en helderrood stucwerk.

▮ Set on the corner of a block on Hoge Boezem, this headquarters for the Salvation Army houses all of this organization's activities except its programme for sheltering the homeless. The parti couldn't be simpler: a row for facilities and circulation at the rear with a freely subdivisible, column-free space in front each level of which can be filled in as desired. The most important space is the double-height church hall on the first floor enfolded by a gallery expressed in the facade as a mass jutting from the cube of the main volume. Much of the frontage is dressed in white and bright red stucco to underline the building's monolithic aspect.

106 WONINGBOUW/HOUSING
Gerdesiaweg/Willem Ruyslaan
K. RIJNBOUTT (VDL) | 1977-1982
E. Meisner, Sj. Soeters (medew.)
de Architect 1982-5; Bouw 1983-17

Op een gebied dat oorspronkelijk als groenzone was bestemd zijn 280 woningen gebouwd. De plaatsing van de woonblokken is aangepast aan de nogal chaotische omgeving met een metro-tracé dwars door het gebied. Hoofdbestanddeel van de bebouwing is een poortgebouw over de Gerdesiaweg met loodrecht daarop twee L-vormige blokken waardoor een binnenplein is ontstaan. Enige verspreid liggende kleinere blokken sluiten aan op de omringende bebouwing.

▮ Standing on a site originally intended as green space are 280 dwellings in blocks fine-tuned to their somewhat chaotic surroundings including a Metro route tunnelling right across the site. Principal element is a 'gate-house' straddling the Gerdesiaweg which together with the two L-shaped blocks at right angles to it creates an enclosed square. Several smaller blocks scattered nearby engage the surrounding built environment.

107 CLUBGEBOUW/CLUBHOUSE KRALINGSCHE ZEIL-EN ROEIVERENIGING

Kralingse Plaslaan 113

W. VAN TIJEN | 1936

De 8 en Opbouw 1937 p.243; Plan 1970 p.574

Door alle utilitaire ruimtes op de begane grond te situeren blijft de gehele verdieping vrij voor de clubzaal en de bar. Een ruim balkon en grote glazen puien in de gevel bieden een riant uitzicht over de Kralingse Plas. Het dak, dat zo veel mogelijk wordt vrijgehouden van de wanden, rust op gebogen spanten die zijn vervaardigd uit met vliegtuiglijm op elkaar verlijmde houten vloerdelen.

▮ In locating all utility spaces on the ground floor the entire upper level has been kept free for clubroom and bar. A roomy balcony and large glazed fronts offer a generous view across the lake (Kralingse Plas). The roof, kept separate where possible from the walls, rests on curved rafters constructed of wooden floorboards fixed together with aeroplane glue.

108 PLASLAANFLAT/BLOCK OF FLATS

Kralingse Plaslaan/Ramlehstraat

W. VAN TIJEN, H.A. MAASKANT | 1937-1938

De 8 en Opbouw 1938 p.99; Plan 1970 p.580

Van Tijens tweede woonschijf bevat duurdere woningen dan de Bergpolderflat (094). De hoofdopzet is echter gelijk: bergingen en collectieve voorzieningen op de begane grond, een lage uitbouw langs de straat, een galerijontsluiting en een liftstopplaats per twee verdiepingen. Alleen de draagconstructie is anders; een betonskelet bleek goedkoper en beter. De woningplattegronden zijn nagenoeg gelijk, alleen bevat elke verdieping slechts vier woningen en zijn de kopwoningen groter. Van de bedoelde veertien lagen zijn er slechts tien uitgevoerd.

▮ Van Tijen's second block of flats contains units more expensive than those of the Bergpolderflat (094). The principal layout however is the same: storage and communal facilities on the ground floor, a low-rise section along the street, access galleries, and a lift serving two storeys per stop. Only the loadbearing structure is different; a concrete frame was considered cheaper and more effective. The dwelling plans of the two blocks are virtually alike, though each floor here contains only four dwellings and those at each end are larger. Only ten of the intended fourteen storeys were realized.

109 EIGEN WOONHUIS/THE ARCHITECTS' HOUSE

Kralingse Plaslaan 88

MECANOO | 1989-1991

E. van Egeraat, F. Houben (proj.)

de Architect 1992-4; Architectuur in Nederland. Jaarboek 1991-1992; Architectuur Rotterdam 1970-1995, 1995; K. Somer - Mecanoo, Architecten, 1995

Dit eigen woonhuis heeft een opbouw te vergelijken met het nabij gelegen woonhuis Van der Leeuw (110): een ontwerpstudio op de begane grond, de woonkamer op de eerste verdieping zodat een ruim uitzicht op de Kralingse Plas wordt geboden, en de slaapkamers en bibliotheek op de tweede verdieping. De architectuur van de woning put uit de geschiedenis van het meer elegante modernisme (Eames, Aalto) en kent een meerlagige open ruimtelijke compositie. Er is een uiteenlopend scala van materialen toegepast welke grotendeels in hun onbehandelde 'natuurlijke' staat zijn gehouden. Het naastgelegen slingerende woonblok is eveneens door Mecanoo ontworpen.

▮ Built for two of the architects, this house is configured much like the nearby Van der Leeuw House (110): ground floor design studio, first floor living room offering a generous view of the lake (Kralingse Plas), and bedrooms and library on the second floor. Its architecture draws on the more elegant modernism of the past (Eames, Aalto) and has a many-layered open composition. It exhibits the widest range of materials mostly applied in an untreated 'natural' state. The meandering apartment building next door is also the work of Mecanoo.

110 WOONHUIS/PRIVATE HOUSE VAN DER LEEUW

Kralingse Plaslaan 38

BRINKMAN & VAN DER VLUGT | 1927-1929

M. Booy (Van den Broek & Bakema), H.D. Bakker (rest.)

Bouwkundig Weekblad 1930 p.241; L'Architecture Vivante 1933-I; de Architect 1982-5; Wonen-TA/BK 1983-20; J. Geurst e.a. - Van der Vlugt, architect 1894-1936, 1983; Architectuur Rotterdam 1890-1945, 1991

De villa voor C.H. van der Leeuw, de opdrachtgever van de Van Nellefabriek (081), bestaat uit dienstvertrekken op de begane grond, woonvertrekken op de eerste, slaapvertrekken op de tweede verdieping en een dakterras met een solarium/gymnastiekruimte. De tuingevel bestaat uit een vrijwel geheel beglaasd stalen skelet. De verschillende verdiepingen worden verbonden door een stalen spiltrap in de hoek van een dubbelhoge wintertuin aan de zuidzijde. De villa is gerestaureerd en verbouwd tot verenigingsruimte.

▮ This villa for C.H. van der Leeuw, who commissioned the Van Nelle factory (081), consists of services on the ground floor, living spaces on the first floor, bedrooms on the second and a roof terrace with solarium/gymnastics room. The garden side is virtually all glass with a steel frame. All levels are skewered together by a steel spiral stair in the corner of a double-height winter-garden on the south side. The villa has since been restored and converted into a clubhouse.

111 DUBBEL WOONHUIS/DOUBLE PRIVATE HOUSE

Essenlaan 77-79

W. VAN TIJEN | 1936

De 8 en Opbouw 1937 p.241; Plan 1970 p.575; T. Idsinga e.a. - Architect Van Tijen 1894-1974, 1987; H. Baaij, J. Oudenaarden - Monumenten uit Rotterdam, 1992

De woonverdieping van deze twee gekoppelde woningen is geheel open of met glazen (schuif)wanden op te delen. Karakteristiek voor de woningen zijn de door de zijgevel brekende halfronde stalen trappuien. Een vergelijkbare woning van Van Tijen is gesitueerd aan de Ouddorpweg 26.

▮ The living level of this double residence is entirely open, or subdivisible with glazed sliding partitions. A distinguishing feature is the semi-circular stair in steel and glass projecting through the side elevation. A similar house by the same architect is at Ouddorpweg 26.

112 WOONHUIS/PRIVATE HOUSE DE BOOGERD

's-Gravenweg 69

M.J. GRANPRÉ MOLIÈRE | 1929-1930

Bouwkundig Weekblad 1930 p.18

Deze woning voor de bankier Van der Mandele, initiatiefnemer van Tuindorp Vreewijk (149), is een zuiver voorbeeld van het archetypisch huis: bakstenen muren, een zadeldak belegd met pannen, kleine ramen in houten kozijnen en vrijwel symmetrische gevels. Een gebouwde beginselverklaring van de Delftse School met een 'eenvoud die eenvoudigen voorbij doet gaan zonder om te zien, een eenvoud die gevoeligen voor verhouding doet stilstaan in bewondering'.

▮ This house for banker Van der Mandele, originator of Vreewijk garden estate (149), is a perfect example of the archetypal house: brick walls, a gabled roof with tiles, small wood-framed windows and near-symmetrical facades. A three-dimensional statement of intent by the Delft School, it has 'a simplicity that eludes the simple passer-by, but which makes those sensitive to proportion stop in wonder'.

113 ERASMUSUNIVERSITEIT/UNIVERSITY

Burgemeester Oudlaan 50

ELFFERS PARTNERS | 1965-1970

H. Petri (b.k.), W.G. Quist (uitbr.)

TABK 1970-13; A. van der Woud - Wim Quist Projecten 87-92, 1992

Drie bouwdelen, een utilitaire hoogbouwschijf met faculteiten en instituten, een expressieve collegezalenvleugel en een aula/senaatsvleugel, zijn gegroepeerd rond een plein dat wordt afgesloten door een luchtbrug. In het verlengde van de collegezalenvleugel is een bibliotheekgebouw in het water geplaatst. De expressieve betonarchitectuur en de 'bourgeois' aankleding ondervonden bij oplevering, de democratiseringsgolf op haar hoogtepunt, weinig waardering. Sinds het einde van de jaren tachtig is het complex in twee fases uitgebreid met nieuwe gebouwen voor kantoren en collegezalen. Ook het verstilde rationalisme van Quist wordt door de gebruikers maar matig gewaardeerd.

▪ Three volumes, a utilitarian high-rise slab of faculties and institutes, a sculptural wing of lecture halls and an aula cum senate wing, are grouped round a concourse terminating in a footbridge. Extending the line of the lecture hall wing and set in the water is a library block. The expressive concrete architecture and 'bourgeois' cladding were fairly unenthusiastically received on delivery, at a time when the wave of democratization was at its peak. Since the end of the eighties the complex has been extended in two phases with new buildings for offices and lecture halls. The subdued rationalism of Quist's new additions is not particularly popular with their users either.

114 WOONHUIS/PRIVATE HOUSE VAES

Plaszoom 1

BRINKMAN & VAN DER VLUGT | 1932-1935

J. Geurst e.a. - Van der Vlugt, architect 1894-1936, 1983

Dit woonhuis is de laatste door Van der Vlugt ontworpen villa. Opvallend element is de halfronde beëindiging van een van de gevels. Hier bevindt zich op de begane grond een werkkamer en op de verdieping een slaapkamer. De woonruimtes op de begane grond sluiten aan op een verhoogd terras. Vanaf het dakterras, een terugkerend element in Van der Vlugts villa's (049, 051), wordt een weids uitzicht over de Kralingse Plas geboden. De villa is inmiddels verbouwd.

▪ This house was Van der Vlugt's last villa design. Worthy of note is the semi-circular end of one of its elevations containing a workshop/studio on the ground floor and a bedroom upstairs. Living spaces on the ground floor are connected to a raised terrace. The roof terrace, a recurring element in Van der Vlugt's villas (049, 051), offers a panoramic view across the lake (Kralingse Plas). The villa has since undergone alteration.

115 EIGEN WOONHUIS/THE ARCHITECT'S HOUSE YPENHOF

Kralingseweg 179

J.H. VAN DEN BROEK | 1948-1952

Architectural Design 1954 p.227; Bauen+Wohnen 1956 p.83; Forum 1956 p.148; Bouw 1958 p. 494; R. Stroink - Ir. J.H. van den Broek, 1981; Architectuur Rotterdam 1945- 1970, 1993

De woning bestaat uit een groot rechthoekig blok met garage, slaapkamer, werkkamer en dubbelhoge woonkamer met insteekvloer, en een kleiner blok met entree en keuken. De woning is vrijwel gesloten naar de straatkant; de tuingevel daarentegen is d.m.v. twee verdiepinghoge glazen schuifdeuren geheel te openen. Aan deze zijde is ook een balkon met trap. De gepleisterde gesloten bakstenen wanden zijn dragend. Bij de tuingevel staan ronde stalen kolommen.

▪ This house consists of a large, rectangular block containing garage, bedroom, studio and a double-height living room with a mezzanine floor, and a smaller block of entrance and kitchen. It is virtually closed to the street; the garden elevation, on the other hand, can be fully opened up using glazed sliding partitions two storeys high. On this side too is a balcony with steel stair. The white-rendered brick walls are loadbearing. Round steel columns stand along the garden elevation.

116 MANEGE, WOONHUIS/RIDING SCHOOL, PRIVATE HOUSE
Kralingseweg 120
W. VAN TIJEN | 1937
De 8 en Opbouw 1937 p.239; Plan 1970 p.576; T. Idsinga e.a. - Architect Van Tijen 1894-1974, 1987

Van Tijen, die deze opdracht kreeg 'omdat hij zo goedkoop kon bouwen', heeft inderdaad een eenvoudig en doeltreffend geconstrueerd gebouw opgeleverd. Het complex bestaat uit drie onderdelen: de stallen aan de noordzijde, een dubbele woning aan de zuidzijde en daartussen de eigenlijke manege. Deze bestaat uit een dubbelhoge dressuurruimte met langs een van de lange zijden een tribune en een glazen foyer/clubruimte met kleed- en tuigkamers daaronder.

▪ Van Tijen, given this commission 'because he could build so cheaply', did indeed come up with a simple and effectively constructed building. The complex is in three sections: stalls on the north side, twin houses on the south side, and in-between these the riding school itself. This consists of a double-height dressage area with a tribune on one of its long sides, and a glazed foyer/clubroom with changing-room and tackroom below.

117 TWEE PATIOVILLA'S/TWO PATIO VILLAS
Onderlangs 44-46
OMA | 1985-1989
R. Koolhaas (proj.)
Architecture+Urbanisme 1988-10; GA Houses 27; Archis 1989-3; Baumeister 1990-11; Architectuur in Nederland. Jaarboek 1989-1990

Twee gekoppelde villa's liggen in een dijklichaam, waardoor de straatkant twee verdiepingen telt en de tuinzijde slechts één. Op de begane grond bevinden zich de entree, een garage, een logeerruimte en een gymnastiekruimte, van boven verlicht vanuit de patio. De woonruimte rond de (te openen) patio roept reminiscenties op met de door Koolhaas bewonderde villa- en appartementplattegronden van Mies van der Rohe. Materialisering en detaillering zoals het zwevende dak, de afgeschuinde wanden en de de functionele tweedeling ontkennende kleurvlakken verwijzen naar de jaren vijftig.

▪ Two linked villas are set against the bank of a road, through which the street side has two storeys and the garden side only one. On the ground floor are the entrance, a garage, a guest room and a fitness room toplit from the patio. The living space round the patio, which may be opened up, recalls the villa and apartment plans so admired by Koolhaas of Mies van der Rohe. Material and detail, such as the floating roof, the sloping walls and the colour planes that deny the functional division into two, are references to the fifties.

118 CLUBHUIS/CLUBHOUSE ROTTERDAMSE GOLFCLUB
Kralingseweg 200
BRINKMAN & VAN DER VLUGT | 1933

Dit clubgebouw is een van Van der Vlugts minst bekende en zelden gepubliceerde werken. Het toont de ontwikkeling in zijn werk naar een vrijere, meer expressieve vorm die echter steeds gerealiseerd wordt met functionele middelen. Het gebouw bestaat uit een langwerpig gedeelte, ingeschoven in een hogere ronde verenigingszaal.

▪ This clubhouse is one of Van der Vlugt's least known and seldom discussed works. It demonstrates the development in his work towards a freer, more expressive form, still realized, however, using functional means. The building consists of an oblong section slotted into a taller, circular clubroom.

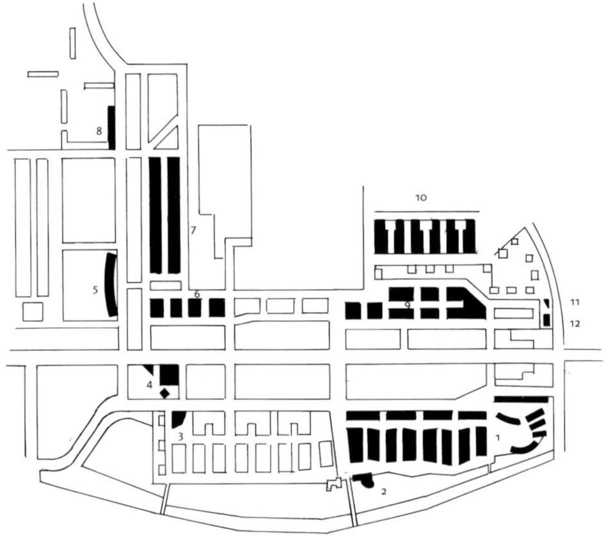

119 WONINGBOUW/HOUSING PRINSENLAND

Jacques Dutilhweg e.o.

DIVERSE ARCHITECTEN | 1982-

de Architect-thema 1990-39

1. Mecanoo (E. van Egeraat, F. Houben, C. de Weijer) - Ringvaartplasbuurt Oost, 1988-1993; **2.** B. Burgerhoudt, H.M. Meinsma (L. de Jonge) - School, 1992-1993; **3.** F. & P. Wintermans - Activiteitencentrum 'Zjaak', 1993; **4.** K.W. Christiaanse - Winkelcentrum, 1994; **5.** F. Prins (EGM) - Bejaardenflat/verpleegtehuis, 1991-1993; **6.** Hoenders & Partners - Woningbouw, 1993; **7.** Van Duivenbode & De Jong - Woningbouw, 1995; **8.** Van Sambeek & Van Veen - Woningbouw, 1994; **9.** Pauw & Penning de Vries - Woningbouw, 1991-1993; **10.** E. Chlimintzas - Woningbouw; **11.** Cepezed - Kinderdagverblijf, 1992-1993; **12.** DKV - Hoofd kantoor Volkswoningen, 1992-1994

De jongste uitbreidingswijk aan de oostzijde van Rotterdam ligt anders dan voorganger Zevenkamp niet aan de stadsrand, maar ingeklemd tussen de grootschalige hoogbouwwijk Alexanderpolder en het vooroorlogse Kralingen. Het gebied wordt doorsneden door 'groene linten' in oost-westrichting: de Kralingseweg, de Ringvaartweg en de 's-Gravenweg. Het karakter van deze linten, open bebouwing met volwassen tuinen en een fijnmazig systeem van sloten en weilanden, is zo veel mogelijk behouden. De woonbebouwing van de drie door de linten gedefinieerde stroken heeft een open tuinstadkarakter. Alleen langs de hoofdontsluitingsweg, de Jacques Dutilhweg, zijn hogere woongebouwen en verspreid liggende wijkvoorzieningen aangebracht. Ten noorden van de Kralingseweg wordt de wijk door een nieuw park rond de bestaande begraafplaats gesplitst in twee buurten: de Prinsenpark- en de Dosiobuurt. Tussen de Jacques Dutilhweg en een nieuw aangelegde plas langs de Ringvaartweg ligt de Ringvaartplasbuurt. In deze buurt is de tuinstadgedachte het meest karakteristiek uitgewerkt. Minder geslaagd is de invulling van de vrije-sectorstrook tussen de 's-Gravenweg en de Ringvaart. De ontwikkeling van deze strook werd door de overheid geheel in handen van projectontwikkelaars gegeven, inclusief het bouwrijp maken, het aanleggen van wegen en leidingen en de inrichting van het openbare gebied.
Behalve de drie hiernaast besproken projecten zijn verder interessant: de woonbebouwing van Van Sambeek & Van Veen, F. Prins (EGM) en Van Duivenbode & De Jong, de woontoren en het winkelcentrum met streepjescodegevel van K. Christiaanse, de schoolgebouwen van Leo de Jonge en het activiteitencentrum Zjaak van F. en P. Wintermans.

▪ The latest expansion area in the east of Rotterdam lies not on the city outskirts like its predecessor Zevenkamp, but is wedged between the large-scale highrise district of Alexanderpolder and the prewar Kralingen. Three green ribbons unfurl through the area in an east-west direction: Kralingseweg, Ringvaartweg and 's-Gravenweg. Their characteristics, open ribbon development with mature gardens and a fine mesh of drainage ditches and meadows, have been preserved wherever possible. The housing on the three belts defined by the ribbons has an open, garden village ambience. Only the main access road (Jacques Dutilhweg) is lined by taller apartment buildings and has district facilities dispersed along it. North of Kralingseweg a newly laid park enfolding the existing cemetery cleaves the new district into two neighbourhoods, Prinsenparkbuurt and Dosiobuurt. Between Jacques Dutilhweg and a newly dug lake along Ringvaartweg is a third neighbourhood, the Ringvaartplasbuurt. Here the garden village idea has been pushed through the furthest. Less convincing is the infill of the up-market belt between 's-Gravenweg and Ringvaartweg. The authorities saw fit to give the property developers free play there, including priming it for building, laying out the roads and mains and designing the public space.
Projects of note besides the three discussed next include housing by Van Sambeek & Van Veen, F. Prins (EGMArchitects) and Van Duivenbode & De Jong, K. Christiaanse's shopping centre complete with bar-code facade, Leo de Jonge's schools and the Zjaak activity centre by F. and P. Wintermans.

120 WONINGBOUW/HOUSING RINGVAARTPLASBUURT
Jacques Dutilhweg e.o.
MECANOO | 1988-1993
E. van Egeraat, F. Houben, C. de Weijer (proj.)
Domus 1993-jan; de Architect 1993-6; Architectuur in Nederland. Jaarboek 1993-1994; K. Somer - Mecanoo, architecten, 1995

In deze buurt wordt een moderne tuinwijk gecreëerd. Het hart van het plan wordt gevormd door acht rijtjes van telkens drie onderling licht verdraaide blokjes met woonpadwoningen. De rijtjes worden afwisselend gescheiden door een straat of een thematische tuin. Alle woningen zijn op het zuiden gericht en worden ontsloten door een voetpad tussen de noordgevel en de achterzijde van de tuinen van het volgende blok. De wijk waarin gele en terracottakleuren overheersen wordt langs de randen afgesloten door hogere bebouwing. De oostzijde wordt afgesloten door een langgerekt tot zes bouwlagen oplopend woonblok, een tweetal 'crescents' en nog een blokje woonpadwoningen.
▪ This is a latterday garden suburb. The core of the scheme is eight rows each of three gently rotated blocks of housing set on residential paths. The rows are separated alternately by a road or a theme garden. All dwellings face south and are accessed by a footpath between the north side and the end of the gardens of the succeeding block. The area, dominated by yellow and terracotta colours, is closed off along the edges by taller development. Terminating the east side are an elongated apartment building that steps up to six levels, a pair of 'crescents' and one more block of path-accessed dwellings.

121 HOOFDKANTOOR/HEADQUARTERS VOLKSWONINGEN
Prins Alexanderlaan 201
DKV | 1992- 1994

De tegenstelling tussen de grootschalige hoogbouwwijk en de puntsgewijze lintbebouwing waartussen dit kantoorgebouw ingeklemd ligt wordt in de gekozen hoofdopzet verzoend. Als uitgangspunt diende de boerenhofstede, een verzameling gebouwen rond een gesloten binnenplaats. Het karakter van de muur sluit direct aan op de omgeving; van een strakke gesloten wand aan de Prins Alexanderlaan die is voorzien van een hoofdentree met een gekromde glazen wand, tot een haagbeuk aan de zijde grenzend aan het landelijk gebied. Het meest prominent zijn een midden op het terrein geplaatste antracietkleurig gestucte toren met trappen, liften en voorzieningen en een met zink beklede kantoorvleugel die half door de muur heensteekt.
▪ Sandwiched between large-scale highrise district and point-by-point ribbon development, this office building reconciles in its main shape the differences between them. It takes as its stepping-off point the traditional Dutch farmstead, an assemblage of buildings enfolding a contained courtyard. The character of the wall ties in directly with the surroundings, from the taut introverted elevation on Prins Alexanderlaan containing the main entrance with its curved glass wall, to the hornbeam on the side adjoining the rural area. Within the walls stand a prominent centrally placed tower of stairs, lifts and services in an anthracite-coloured rendering, and a zinc-clad office wing, half pushed through the wall.

122 KINDERDAGVERBLIJF/CHILD DAY CARE CENTRE WOESTE WILLEM
Ben-Goerionstraat 6
CEPEZED | 1992-1993
de Architect 1994-6

Het beschikbare terrein van 15 x 30 m. is geheel overspannen door een 6,5 m. hoge staalconstructie van ronde kolommen en balken op een vierkant stramien van 5 m. Een schuine glaswand verdeelt het gebouw in een interieur- en een exterieurdeel. In het interieur zijn in twee lagen vier groepen ondergebracht. Het exterieurdeel is ingericht als speeltuin, waarbij een opgroeiende heg de staalconstructie langzaam zal vullen. De overgang van binnen naar buiten verloopt geleidelijk doordat de vloeren en het dak getrapt tot aan en over de glaswand doorlopen. De gesloten buitengevels bevatten per verdieping twee glasstroken: één op peuter- en één op leidsterooghoogte.
▪ The available site of 15 x 30 m. is oversailed in its entirety by a 6.5 m. tall structure of steel tubes and beams to a module of 5 m. An oblique wall of glass divides the building into an interior and an exterior section. Inside, four groups of children are accommodated in two levels. The exterior section is designed as a playground, where an upward growing hedge in time will come to envelop the steel structure. The transition from inside to outside proceeds gradually, with floors and roof stepping up to and over the glass wall. The introverted outer walls sport two window bands per storey, at toddler and at guardian eye-height.

123 WONINGBOUW/HOUSING VEERSE HEUVEL

Lilian Ngoyistraat e.o.

DKV | 1988-1991

Architectuur in Nederland. Jaarboek 1991-1992; de Architect 1992-5

Dit woonwijkje bestaat uit een driehoekig plein met een woon/winkelgebouw grenzend aan een metrostation, een driehoekig laagbouwdeel met zeven woningstroken haaks op de landelijke 's-Gravenweg en drie waaiervormige woontorens langs het metrospoor. De onderlaag van de woningstroken is van grijze betonsteen; de verdiepingen daarboven zijn in heldere kleuren of wit gepleisterd. De woontorens hebben een kwartcirkelvormige plattegrond. De naar het zuiden gerichte gebogen gevel heeft, in tegenstelling tot de gesloten vlakke wanden, een open en sterk horizontaal gearticuleerde opbouw.

▮ This residential estate draws together a triangular plaza on which is a block of shops and housing adjoining a metro station; a triangular low-rise section of seven residential rows square to rural 's-Gravenweg; and three fanshaped residential tower blocks, each a quadrant in plan, along the metro track. The base of the housing rows is in grey concrete, with bright colours or white rendering above. The south-facing curved facade of the tower blocks is by way of contrast open and resolutely horizontal.

124 KANTOORGEBOUW/OFFICE BUILDING MORET & LIMPERG

M. Meesweg 51

J. HOOGSTAD | 1977-1981

Bouw 1982-3; de Architect 1982-3; Plan 1983-7/8; Rob Dettingmeijer - Jan Hoogstad, architect, 1996

In de doorsnede van het gebouw zijn de diverse ontsluitingssystemen te zien: een dubbele corridor, een enkele corridor en een galerij. Basiseenheid is een eenpersoonskamer van 4,20 m. breed. In het gebouw zijn draagconstructie, luchtbehandeling en verlichting geïntegreerd. Holle kolommen bevatten de afvoerkanalen; de aanblaaskanalen zijn als zich verjongende pijpen in de gevel te zien. In de afvoerkanalen geïntegreerde tl-armaturen zorgen voor warmteafvoer en recirculatie

▮ A section through this block of offices reveals more than one access system: a double corridor, a single corridor and an external gallery. Single-person offices of 4.20 m. wide serve as the basic unit. Loadbearing structure, air circulation and lighting are integrated. Hollow columns contain discharge pipes, while air circulation ducts are visible in the facade as tapering tubes. Integrated fluorescent light fittings in the discharge pipes take care of heat discharge and recirculation.

125 WOLLEFOPPENPARK

Wollefoppenweg

BAKKER & BLEEKER | 1979-1981

D. Louwerse e.a. - Groen in Rotterdam, 1985

Het Wollefoppenpark is, op verzoek van de buurgemeente Zevenhuizen, als langgerekte groenstrook langs de noordrand van de uitbreidingswijk Zevenkamp aangelegd. Verschillende functies zoals sportvelden, weidepark, bospark, natuurtuin, manege en volkstuinen zijn als een kralensnoer aan elkaar geregen. De op zichzelf staande onderdelen zijn door een stelsel van lanen en waterlopen verbonden. In overleg met de direct aan-wonenden is een groot deel van de bestaande landschapsstructuur gehandhaafd. Zo is het gerealiseerde weidepark vrijwel geheel in de oorspronkelijke staat gebleven. Ook de nieuwe invulling en beplanting maakt gebruikt van elementen uit het oorspronkelijke landschap.

▮ This park is a long green sliver lying along the northern trim of the Rotterdam overspill area of Zevenkamp. It took this form at the express wish of the neighbouring municipality of Zevenhuizen. A welter of functions, sports fields, meadows, woods, nature garden, stables and personal allotments, are strung together like a bead necklace. Though each is self-sufficient, the components are unified by a system of avenues and water figures. Talks with those living close to the park resulted in much of the existing landscape structure being retained. The area of meadowland, for example, has been incorporated virtually intact. The new infills and planting likewise exploit elements of the original landscape.

126 ADRIAAN VOLKERHUIS/OFFICE BUILDING

Oostmaaslaan 71

MAASKANT, VAN DOMMELEN, KROOS, SENF | 1970-1973

P.J. Gerssen (proj.)

Bouw 1974 p.991; Plan 1984-9

Twee Z-vormige kernen zijn in glijbekisting gerealiseerd, waarna het gebouw in recordtijd wordt opgebouwd uit geprefabriceerde gevelplaten, -balken en TT-vloerplaten. De 'toren' heeft een complexe plattegrond, opgebouwd uit vloerdelen van 7,20 x 7,20 m. die vrij indeelbare kantooreenheden vormen. De gevels, zestien witte en veertien zwarte schijven, respectievelijk sandwich-betonelementen met witte toeslag en donker zonwerend glas met zwarte (geanodiseerde) aluminium borstweringen, doorbreken met hun verticalisme de bouwhoogtebeperking van 60 m.

▪ Two Z-shaped cores in slipform enabled this office building to be erected in record time using prefabricated cladding panels and posts and reinforced concrete floor slabs. The tower has a complex plan based on areas of 7.20 x 7.20 m. forming freely subdivisible office units. Facades of sixteen white and fourteen black vertical strips, the former in concrete sandwich elements faced in white, the latter in black sunproof glass and aluminium, help compensate with their verticality for the limited height of 60 m.

127 OECUMENISCH CENTRUM/ECUMENICAL CENTRE

Oostmaaslaan 80-82

RIETVELD VAN DILLEN VAN TRICHT | 1961-1968

J.F.H. van Dillen (proj.)

Bauen+Wohnen 1965 p.457; TABK 1968 p.155; Bouwkundig Weekblad 1969 p.290; Bouw 1970 p.1518; Architectuur Rotterdam 1945-1970, 1993

Dit oecumenisch centrum is een verzoeningsgift van de Duitse Evangelische Kerk aan Rotterdam. Gerrit Rietveld noch Joan van Dillen, die respectievelijk in 1964 en 1966 overlijden, maken de oplevering van het gebouw mee. Het ontwerp bestaat uit een boven het maaiveld uitgetilde kubus die wordt gedragen door vier in hoogte oplopende trap- c.q. voorzieningentorens langs de vier zijden. Het samenbrengen van verschillende functies, ontmoetingshal, sportzaal, bibliotheek, logeer- en werkkamers, binnen een abstract volume verbeeldt de oecumenische gedachte. Sinds 1992 is het gerenoveerde gebouw in gebruik als opleidingscentrum voor de Erasmusuniversiteit (113).

▪ Neither Rietveld (d. 1964) nor Van Dillen (d. 1966) would live to see completion of this building, a gift of reconciliation to Rotterdam by the German Evangelical Church. The design consists of a cube raised above ground level on four increasingly tall stair and facility towers along the four sides. Bringing together numerous functions, meeting hall, sports hall, library, lodgings, workshop/studies, in one abstract volume is symbolic of the ecumenical ethos. Since 1992 the renovated building has served the Erasmus University as a training centre (113).

128 DRINKWATERPRODUCTIEBEDRIJF/WATERWORKS

Schaardijk 150

W.G. QUIST | 1973-1977

Bouw 1978-15; A. van der Woud - Wim Quist, architect, 1989; Architectuur Rotterdam 1970-1995, 1995

Het complex bestaat uit een spaarbekken, een pompstation, een doseringsgebouw, een filterinstallatie, een dienstgebouw en twee grote druppelvormige reinwaterreservoirs. De afgeschuinde hoeken van het dienstgebouw verwijzen naar de bestaande fabrieken aan de overkant van de weg. Langs een centrale gang bevinden zich laboratoria, werkplaatsen en kantoren. Het complex is door zijn gevarieerde constructie en zorgvuldige detaillering een perfect voorbeeld van ingenieursarchitectuur.

▪ This complex consists of a storage basin, pumping station, dosing block, filter plant, staff building and two large tear-shaped clear-water reservoirs. The splayed corners of the staff building point it towards the factories across the main road. Ranged along a central corridor are laboratories, work areas and offices. In its varied structure and attention to detail the whole constitutes a perfect example of engineering architecture.

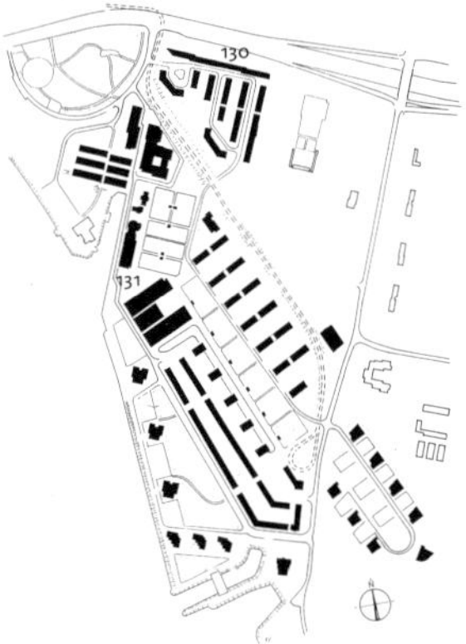

62 **129 WONINGBOUW/HOUSING DWL-TERREIN**

Watertorenweg e.o.

DIVERSE ARCHITECTEN | 1983-1996

H. Berens e.a. - DWL-terrein Rotterdam, 1991

Het voormalige Drinkwaterleidingterrein van Rotterdam is omgevormd tot een woonwijk. Hierbij zijn een aantal bestaande gebouwen gehandhaafd en voor een nieuwe functie geschikt gemaakt. Zo kreeg de watertoren, in 1978 in gebruik genomen door de woon/werkgemeenschap Utopia, een woon/kantoorfunctie. Het was de eerste stap van de metamorfose van industrieel complex naar woonwijk. Het voormalige, gedeeltelijk door brand verwoeste pompstation is verbouwd tot wijk- en winkelcentrum en de filtergebouwen tot woningen en kantoren. De verkaveling van de verschillende woonblokken en groenzones is gebaseerd op het patroon van de oorspronkelijke filterbassins.

▪ The site of the former Rotterdam waterworks has been revamped as a residential area. Some existing buildings were retained and recycled, such as the water tower, which was appropriated in 1978 by the Utopia commune and working collective. This was the first step in the metamorphosis from industrial complex to residential sector. The former pumping station, partially destroyed by fire, has been refurbished as a community and shopping centre; the filter houses now contain houses and offices. The layout of blocks and green space is predicated on the pattern of the original filter tanks.

130 WOONGEBOUW/HOUSING BLOCK

Herman Bavinckstraat

P.B. DE BRUIJN | 1981-1983

Bouw 1984-26; Stadsvernieuwing Rotterdam 1974-1984, 1984; H. Berens e.a. - DWL-terrein Rotterdam, 1991

Het gebouw sluit een nieuwbouwwijk visueel en geluidstechnisch af van een verkeersweg. De woningen worden vanaf straatniveau ontsloten; twee dubbelhoge galerijen ontsluiten daarboven elk drie woonlagen, hetgeen in de noordgevel tot uiting komt. Het verticale transport vindt plaats door twee trappenhuizen in 'punt' en 'staart' van het 200 m. lange bouwblok en twee liften t.p.v. de knikken in de gevel, waar zich ook de hoofdtoegangen bevinden.

▪ This building screens a housing estate both visually and acoustically from a main road. All dwellings face south; those on the ground floor are entered at street level. Above them two double-height access galleries each serve three levels, expressed in the north elevation. Vertical circulation is by way of two staircases in the head and tail ends of the 200 m. long block and two lifts at shifts in the frontage where the main entrances are also situated.

131 FILTERGEBOUW/FILTER HOUSES

Watertorenweg 336

A.J. VAN DER STEUR | 1928-1929; 1941; 1950

J. Mulder, W. Patijn (Dienst Volkshuisvesting) (rest. 1979-1983)

De in onbruik geraakte filtergebouwen van het voormalig drinkwaterleidingbedrijf zijn verbouwd tot woningen voor een- en tweepersoonshuishoudens. De oorspronkelijke leidingstraat is getransformeerd tot een dubbelhoge corridor annex binnentuin van waaruit de woningen zijn ontsloten. De maat van de woningen is gebaseerd op de maat van de oorspronkelijke filterbakken waarop ze zijn gebouwd. Hierdoor is een voorbeeldig hergebruikproject ontstaan met een voor deze woningtypes ongekende ruimtelijke kwaliteit. Het middelste filtergebouw is in 1985 gerestaureerd door de huidige gebruiker Kraaijvanger Architecten

▪ Disused filter houses of the former waterworks have here been recast as dwellings for one to two persons. The original service channels have each been transformed into a combined double-height corridor and inner garden off which are the dwelling entrances. The size of the units stems from that of the original filter tanks on which they stand. The result is an exemplary refurbishment with a spatial quality hitherto unknown in this type of dwelling. The most central filter house was renovated in 1985 by its current occupant, the Kraaijvanger architectural office.

132 DE HEF

Noordereiland

P. JOOSTING | 1924-1927

A. de Boode - De Hef, 1985

De spoorweghefbrug, kortweg 'De Hef', vormt samen met de karakteristieke basculebrug 'de Koninginnebrug' en de Willemsbrug de verbinding van het Noordereiland met de oevers van de Maas. Deze zonder twijfel meest bezongen brug van Nederland neemt een speciale plaats in in de harten van de Rotterdammers en is een constante inspiratiebron voor dichters, filmers en architecten. Toen De Hef na het gereedkomen van de spoorwegtunnel onder de Maas onlangs overbodig werd, kon de voorgenomen sloop dan ook rekenen op fel protest en werd dit besluit ingetrokken.

▮ The railway lifting-bridge, known as the 'Hef', shares with the characteristic bascule bridge (Koninginnebrug) and the Willems Bridge the task of linking the central island (Noordereiland) with the banks of the River Maas. Without doubt the most eulogized bridge in the Netherlands, it has a special place in the hearts of Rotterdammers and is a perpetual source of inspiration for poets, film-makers and architects. Made redundant when the railway tunnel was built under the Maas, the Hef was saved from impending demolition by the ensuing storm of protest.

133 WILLEMSBRUG/BRIDGE

Noordereiland

C. VEERLING (GEMEENTEWERKEN) | 1975-1981

A. de Vries (b.k.)

Polytechnisch Tijdschrift Bouwkunde 1981 p.275; Architectuur Rotterdam 1970-1995, 1995

In de jaren zeventig wordt de oude stalen Willemsbrug, die de verbinding vormde tussen het Noordereiland en de noordoever van de Maas, vervangen door een nieuwe brug die een grotere verkeersstroom kan bedienen. Het brugdek wordt gedragen door een stelsel van trekstangen die naar twee V-vormige menierood geschilderde stalen pylonen zijn afgespannen. Vrijwel direct na de opening werd de nieuwe Willemsbrug, tezamen met de skyline van de nieuwe hoogbouw langs de Boompjes (033), een van de meest wervende verbeeldingen van de herwonnen dynamiek van het Rotterdam van de jaren tachtig.

▮ In the seventies the old steel Willemsbrug linking Noordereiland and the north bank of the Maas was replaced by a new bridge able to accommodate the increase in traffic. Its deck is held aloft by a system of tie rods attached to two V-shapes the colour of red lead. Almost immediately on completion the new Willems Bridge joined the skyline of the new high-rise along Boompjes boulevard (033) as one of the most engaging icons of what was once again a dynamic city.

134 ERASMUSBRUG/BRIDGE

Leuvehaven

B. VAN BERKEL | 1990-1996

Gemeentewerken (constr.)

de Architect 1991-12; Architectuur Rotterdam 1970-1995, 1995; J. van den Bout e.a. - Kop van Zuid, 1995

Vanwege het succes van de Willemsbrug (133) overtuigd van de monumentale symboliek die een brug kan uitstralen besluit de Gemeenteraad dat de nieuwe hangbrugverbinding het Rotterdam van het jaar 2000 zou moeten symboliseren. Vanaf de eerste schetsen spreekt 'De Zwaan', zoals de expressief geknikte pyloon ter hoogte van het Noordereiland al snel wordt genoemd, tot de verbeelding. Tot in de kleinste details wordt de brug doorontworpen. Ook aan de aanlandingen, het Spido-kantoor met parkeerveld aan de noordoever en een brugwachtershuis met restaurant aan de zuidoever, wordt veel aandacht besteed.

▮ Given the success of the Willemsbrug (133) and convinced of the monumental symbolism a bridge can emanate, the City of Rotterdam decided that the new suspension bridge should symbolize Rotterdam in the year 2000. From the very first sketches the 'Swan', as this expressively angled tower level with Noordereiland was immediately dubbed, has caught the public imagination. The bridge has been thought through to the smallest details; even the approaches, housing a pleasure-boat booking office and single-level car park on the north bank, and a bridgehouse and restaurant on the south, have been designed with every care.

135 WOONGEBOUW/HOUSING BLOCK DE PEPERKLIP

Rosestraat

C.J.M. WEEBER | 1979-1982

Plan 1983-9; Bouw 1983-14/15; Stadsvernieuwing Rotterdam 1974-1984, 1984; Architectural Review 1985-1; E. Taverne - Carel Weeber, architect, 1990; Architectuur Rotterdam 1970-1995, 1995

Dit superblok in de vorm van een uitgebogen paperclip bevat 549 woningwetwoningen. De ronde einddelen bevatten maisonnettes ontsloten vanuit galerijen; de tussendelen bestaan uit portiekflats in vier lagen. De geprefabriceerde betonnen gevelelementen zijn met verschillende gekleurde tegels afgewerkt en in zodanige patronen op de gevels aangebracht dat de individuele woning onherkenbaar is. Deze voor de buitengevels legitieme anonimiteit is jammer genoeg ook in het binnengebied doorgezet.

▪ This superblock in the shape of an opened-out paperclip comprises 549 social housing units. Its rounded end sections contain maisonettes reached from access galleries; sections in-between consist of four levels of porch-accessed flats. Prefabricated concrete cladding panels are faced with different-coloured tiles patterning the facade in such a way as to make individual units indistinguishable. This anonymity, whilst valid in the outer facades, unfortunately characterizes those overlooking the inner court as well.

136 STADION/STADIUM FEYENOORD

Olympiaweg 50

BRINKMAN & VAN DER VLUGT/VAN DEN BROEK & BAKEMA, ZWARTS & JANSMA | 1934-1936/1993-1994

H. Chabot (b.k.)/ABT (constr.)

Bouwkundig Weekblad 1936 p.481; Bulletin KNOB 1970 p.137; Architectuur Rotterdam 1890-1945, 1991; AB 1994-10; E. Schimmel e.a. - De Kuip, een metamorfose, 1995

'De Kuip' heeft een onder- en een boventribune waarvan de doorlopende kromming de vorm van het veld zodanig volgt dat de afstand van de toeschouwer tot het speelveld zo klein mogelijk is. De overkapping en de boventribune zijn opgehangen aan een vrij uitkragende stalen vakwerkconstructie. De 65.000 toeschouwers kunnen het stadion in zes minuten verlaten via 22 dubbele stalen traptorens aan de buitenzijde van het stadion. Bij de broodnodige opknapbeurt van de zestigjarige Kuip is de bovenring geheel voorzien van een nieuwe kap. Omdat de bestaande staalconstructie zo economisch was berekend dat er geen nieuwe belasting kon worden toegelaten en om het filigreine karakter van de bestaande constructie zo veel mogelijk te behouden, is de kap als een aparte constructie over de bestaande structuur geplaatst. De nieuwe staalstructuur is witgeschilderd teneinde het onderscheid met de grijze bestaande structuur te bewaren. De driehoeksspanten van de schuin naar het veld aflopende kap rusten op ranke stalen kolommen. De nieuwe kap is door middel van een kunststof beglazingsstrook gescheiden van de oude tribune. Behalve met dit 'prachtige dekseltje op een mooi doosje' werd het stadion uitgebreid met een glazen voorzieningengebouw aan de Maaszijde.

▪ 'De Kuip' ('The Tub') has a lower and an upper level of terraces whose continuous curves so follow the pitch as to keep the distance between spectator and game at a minimum. Roofing and upper level are suspended from a cantilevered steel lattice structure. 65,000 spectators are able to vacate the stadium in six minutes flat via 22 double steel stairs on its outer face. On the occasion of a badly-needed facelift, the sixty-year old Feyenoord football stadium was provided with a roof covering the entire upper level of terraces. Because the existing steel construction had been calculated so economically that no extra load was possible, and to best preserve its filigree character, the roof has been placed over rather than on it. The new steel structure is painted white to preserve the distinction between it and the grey original component. Sloping inward, its triangular trusses resting on slender steel posts, the new roof is held away from the old terrace by a strip of synthetic glazing. Besides this 'beautiful lid for a fine old box' the stadium has been extended with an all-glass facilities block on the River Maas side.

137 KANTOORGEBOUW/OFFICE BUILDING HOLLAND AMERIKA LIJN
Wilhelminakade/Koninginnenhoofd 1
J. MÜLLER, DROOGLEVER FORTUYN, C.B. VAN DER TAK | 1901-1920
Havenarchitectuur, 1982; H. Baaij, J. Oudenaarden - Monumenten uit Rotterdam, 1992; Architectuur Rotterdam 1890-1945, 1991

Het hoofdkantoor van de transatlantische rederij Holland Amerika Lijn is gelegen op de kop van de pier die ooit vrijwel geheel door het bedrijf in gebruik was. Het gebouw is in fasen gerealiseerd. De laatste uitbreiding met de karakteristieke torens en zuidgevel met Art Nouveau-motieven is ontworpen door Müller & Zonen en Van der Tak en is in 1920 opgeleverd. Op 8 november 1971 vertrok de 'Nieuw Amsterdam', het vlaggeschip van de HAL, voor het laatst van de kade. In 1992 wordt het reeds jaren leegstaande kantoorgebouw in zijn oude glorie hersteld door de verbouwing tot hotel/restaurant.

▪ The headquarters of the transatlantic shipping company Holland Amerika Lijn stands at the head of the pier which was once almost exclusively used by the company. The building was erected in several phases, the last of which with its distinctive towers and south elevation decorated with Art Nouveau motifs, was designed by Müller & Zonen and Van der Tak and completed in 1920. On 8 November 1971 the 'Nieuw Amsterdam', the flagship of the HAL, left the quayside for the last time. In 1992, having been empty for years, the office building was restored to its former glory and converted into a hotel cum restaurant.

138 AANKOMSTHAL/ARRIVALS HALL HOLLAND AMERIKA LIJN
Wilhelminakade
BRINKMAN, VAN DEN BROEK & BAKEMA | 1937-1953
Bouwkundig Weekblad 1939 p.3; Architecture d'Aujourd'hui 1952-apr; Forum 1953 p.162; Havenarchitectuur, 1982; Architectuur Rotterdam 1890-1945, 1991

Tijdens het bombardement van mei 1940 werd een groot deel van de loodsen van de Holland Amerika Lijn verwoest. Van de loodsen die direct na de oorlog gebouwd zijn resteert op dit moment alleen nog de door Brinkman, Van den Broek & Bakema ontworpen aankomsthal voor transatlantische passagiers. Het twee verdiepingen hoge gebouw bestaat uit een betonconstructie van zes schaaldaken met een overspanning van 18 m. De zijgevels zijn geheel voorzien van glas. Het interieur wordt gekenmerkt door een monumentale betonnen trap tussen de passagiersruimtes op de verdieping en de bagageruimtes op de begane grond.

▪ During the bombardment of May 1940 many of the Holland Amerika Lijn sheds were destroyed. Of those built directly after the war only the arrivals hall for transatlantic passengers by Brinkman, Van den Broek & Bakema is still standing. The two-storey building comprises a concrete structure of six shell roofs with an 18 m. span and has fully glazed side elevations. Dominating the interior is a monumental stair leading from the ground-floor luggage department to the passenger zone above.

139 MARITIEM SIMULATOR CENTRUM/ MARINE SIMULATOR CENTRE
Wilhelminakade
SIR NORMAN FOSTER AND PARTNERS | 1993-1994
Abma, Dirks & Partners (medew.)
Archis 1994-8

Een van de eerste nieuwe gebouwen op de Kop van Zuid (140) is van Norman Foster and Partners, die overigens ook het masterplan van de Wilhelminapier hebben opgesteld. Het gebouw is eigenlijk niet meer dan een glazen doos om de eigenlijke simulator, een nagebouwde scheepsbrug waarmee de besturing van grote zeeschepen kan worden gesimuleerd. Dit cilindervormige volume is door middel van een glasstrook verbonden met het dak zodat de wanden door de zon worden aangelicht. De doorsnede met een over de straat uitkragende eerste verdieping volgt die van het bestaande aankomstgebouw (138) van de Holland Amerika Lijn, waarin een aantal nevenfuncties van het centrum is opgenomen.

▪ One of the first of the Kop van Zuid buildings (140) is designed by Norman Foster and Partners, who also drew up the master plan for the Wilhelmina Pier. The building is in fact little more that a glass box enveloping the actual simulator, an imitation ship's bridge from which one can virtually navigate ocean-going vessels, set in a drum attached to the roof by a strip of glass which lets sunlight in onto the walls. In section, with the first floor jutting out over the street, it takes its cue from the existing arrivals hall (138) of the Holland Amerika Lijn, part of which houses the Centre's ancillary functions.

140 KOP VAN ZUID
Wilhelminapier e.o.
DIVERSE ARCHITECTEN | 1987-
Bouw 1992-20; de Architect 1993-5; Archis 1993-6; J. van den Bout e.a. - Kop van Zuid, 1995

Sinds de jaren zestig hebben overal in de Europese havensteden de traditionele havens hun functie verloren. Het havenbedrijf veranderde drastisch van karakter en schaal en verdween of verhuisde naar grote havengebieden buiten de stad. Hierdoor kwamen grote bouwterreinen, vaak op aantrekkelijke 'binnenstadslocaties' ter beschikking om de stad van nieuwe impulsen te voorzien. De eerste havengebieden in Rotterdam die op deze wijze werden hergebruikt lagen op de noordoever. De Oude Haven (036), de Leuvehaven en Delfshaven-Buitendijks kregen een woonfunctie. Het eerste echt grootschalige project vindt echter plaats op de zuidoever, waar door de rehabilitatie van de zogenaamde Kop van Zuid het stadscentrum een 'sprong over de Maas' zal maken. Mede door de daadkracht van de toenmalige directeur

Stadsontwikkeling Riek Bakker is het ambitieuze project zeven jaar na het stedebouwkundig ontwerp van T. Koolhaas Associates volop in uitvoering. Het programma, ca. 5.000 woningen, 380.000 m^2 kantoren, 50.000 m^2 recreatieve en culturele voorzieningen en 3.500 m^2 winkelruimte, is in grote lijnen opgedeeld in twee haaks op elkaar gesitueerde stroken. De Wilhelminapier zal door middel van een open kantoortorenbebouwing worden getransformeerd tot een 'Manhattan aan de Maas'. De grotendeels gedempte Spoorweghaven en het kadegebied daarlangs zal worden ingericht als woongebied. Op het scharnierpunt, de Zuidkade, wordt een nieuw metrostation aangelegd en komen grote openbare voorzieningen. De inrichting van de kade ter plaatse van de aanlanding van de Erasmusbrug (134) met brugwachtershuisje en restaurant is van Bolles+Wilson, die hier tevens een theater zullen bouwen. Het gebied rond de Entrepothaven krijgt een woon- en recreatiefunctie. De haven zelf wordt omgevormd tot jachthaven.

▪ Since the sixties traditional docks in ports all around Europe have lost their original function. The harbour industry radically changed its character and scale and either disappeared altogether or moved to large dockland areas outside the city perimeters. This left large building sites, often at attractive locations in the centre, as a means of injecting new life into the city. The first such areas in Rotterdam to be recycled lay on the north bank, where the Oude Haven (036), Leuvehaven and Delfshaven-Buitendijks became a residential area. The first really big project however took place on the south bank; the rehabilitation of the 'Kop van Zuid' would bring the city centre south across the Maas. Largely through the efforts of Riek Bakker, the then director of Rotterdam Town Development, this ambitious project is now in full swing, seven years after the urban design for it was drawn up by Teun Koolhaas Associates. The programme, for some 5,000 dwelling units, 380,000 m^2 of offices, 50,000 m^2 of leisure and cultural facilities and 3,500 m^2 of retail space is broadly divided into two large rows of development set at right angles. An open office development will transform the Wilhelmina Pier into a 'Manhattan on the Maas'. The largely filled in Spoorweghaven and quays along it will be revamped for housing. At Zuidkade, where the two rows meet, there is to be a new metro station and large-scale public facilities. The design of the quay at the approach of the Erasmus Bridge (134) with bridgemaster's cabin and restaurant is by Bolles+Wilson, as is the future theatre. The area around the waters of Entrepothaven is allocated for housing and recreation, the harbour basin itself being given over to yachts.

141 WILHELMINAHOF

Wilhelminaplein

KRAAIJVANGER & URBIS; CEES DAM & PARTNERS | 1994-1997

R. Ligtvoet; C.G. Dam, E. Priester (proj.)

J. van den Bout e.a. - Kop van Zuid, 1995

Een belangrijk scharnierpunt van de ontwikkeling van de Kop van Zuid is het zogenoemde Wilhelminahof. Vanaf de noordoever gezien is een groot vlak van rode baksteen een belangrijke blikvanger. Dit vlak vormt de noordzijde van een groot bouwblok dat uiteindelijk ca. 120.000 m² kantoorruimte zal bevatten. Dit blok wordt vooralsnog ingevuld door kantoren voor gerechtsgebouwen (Kraaijvanger & Urbis) en de belasting en de douane (Cees Dam & Partners). Vóór het rode gevelvlak verrijzen een lager gerechtszalencomplex en een lensvormige kantoortoren. Een hoge opening in het vlak vormt een poort over het nieuwe metrostation

▮ A major pivotal point of the Kop van Zuid development is the Wilhelminahof complex. Looking from the north bank one is immediately struck by a large flat expanse of red brick. This is the north side of a large block that will eventually offer 120,000 m² of office space. This block is for the time being occupied by offices for law courts (Kraaijvanger & Urbis) and by Cees Dam & Partners' tax and customs offices. Fronting this red wall surface are a less-tall lawcourts complex and a lenticular office tower. A tall incision in the brick expanse acts as a gateway to the new metro station.

142 WONINGBOUW/APARTMENT BUILDINGS

Landtong

F.J. VAN DONGEN (ARCHITECTEN CIE) | 1994-1996

J. van den Bout e.a. - Kop van Zuid, 1995

De landtong tussen het resterende deel van de Spoorweghaven en de Binnenhaven is verdeeld in twee grote woonblokken, onderling gescheiden door een door Atelier Quadrat ingericht plein. De grote maten van het gebied vroegen om een stevige architectuur met een grote massa en een krachtige plastiek van de bouwblokken. De bebouwing bestaat uit een vijftal robuust gemetselde bouwblokken tussen beide havens. De beide eindblokken zijn rechthoekig, de drie tussenliggende lopen in hoogte naar de Binnenhaven op, zodat riante dakterrassen voor de penthouses mogelijk zijn. De tussengebieden worden, behalve ter plaatse van het tussenplein, afgesloten met lagere bebouwing

▮ The tongue of land reaching out between the remaining section of Spoorweghaven and Binnenhaven has here been divided into two big apartment buildings separated by a plaza designed by Atelier Quadrat. The sheer size of the area begged a sturdy, massive architecture and blocks of great sculptural eloquence. The development sites five hefty brickwork blocks between the two harbour basins; the two end blocks are rectangular, the three in-between increase in height towards Binnenhaven making space for capacious roof gardens to serve the penthouses. All intermediar areas are closed off with lowrise, except at the plaza.

143 WONINGBOUW/HOUSING

Stieltjesstraat

CEPEZED | 1994-1995

J. van den Bout e.a. - Kop van Zuid, 1995; de Architect 1996-1

De eerste gerealiseerde projecten van de Kop van Zuid bevinden zich rondom de Entrepothaven. Het negentiende-eeuwse Entrepotgebouw zal geschikt worden gemaakt voor een 'Exotic Festival Market' op de begane grond en verhuurbare kantoren en koopwoningen op de verdiepingen. Aan de korte zijde van het driehoekige plein is een bestaand bouwdeel langs de Stieltjesstraat uitgebreid met een blokje bejaardenwoningen met kantoorruimte. Dit bouwblok wordt afgesloten door middel van een halfrond woningblok dat, vlak langs het Entrepotgebouw scherend, een vloeiende overgang tussen het plein en de haven creëert. De ronding wordt gevormd door karakteristiek verspringende houten gevelvlakken.

▮ The first projects to be built at the Kop van Zuid are centred around Entrepothaven. The 19th-century Entrepotgebouw, once a bonded warehouse, will be primed to receive an 'Exotic Festival Market' on the ground floor and lettable offices and owner-occupied apartments above. On the short side of the triangular square, part of the old building has been extended with a small block containing old-age dwellings and office space. This block terminates in a semicircular apartment building which, barely skirting the Entrepotgebouw, seamlessly draws together the square and harbour. The semicircular facade is in fact a distinctive staggering of individual timber fronts.

144 WONINGBOUW/HOUSING HILLEKOP

Hillelaan

MECANOO | 1985-1989

E. van Egeraat, F. Houben (proj.), J. Körmeling (b.k.)

de Architect 1989-9; Architecture d'Aujourd'hui 1989-12; Archis 1990-2; Domus 1990-6; Architectuur in Nederland. Jaarboek 1989-1990; K. Somer - Mecanoo, architecten, 1995

Dit complex vormt de beëindiging van de driehoekige Afrikaanderwijk. Het bestaat uit een waaiervormige toren die over de havens uitkijkt, een slingervormig bouwblok met een poort en een L-vormige afsluiting van een gesloten bouwblok. Dit zorgvuldig vormgegeven complex refereert sterk aan de vormentaal van de modernen; de zestien verdiepingen hoge toren vertoont sterke overeenkomsten met Aalto's Neue Vahr in Bremen. Het complex toont aan dat ook of juist sociale woningbouw tot kwalitatief hoogstaande architectuur kan leiden.

▪ This complex terminates the triangular Afrikaanderwijk area of Rotterdam. It consists of a fan-shaped tower looking out over the docks, an undulating block with a gateway and an L-shape completing a perimeter block. This sensitively designed ensemble has unmistakable allusions to the formal syntax of the moderns; the sixteen-storey residential tower bears strong similarities to Aalto's Neue Vahr in Bremen. The complex demonstrates that social housing can also lead to high-quality architecture, and so it should.

145 WOONGEBOUW/HOUSING BLOCK NATAL

Paul Krugerstraat

F.J. VAN DONGEN | 1985-1990

de Architect 1991-1; Architectuur in Nederland. Jaarboek 1990-1991

Een slingerend woongebouw van vijf woonlagen strekt zich uit over de diagonaal van het rechthoekige terrein en vervangt drie kleine gesloten bouwblokken. Het gebouw is op kolommen geplaatst zodat, tussen de onder het gebouw geschoven winkelblokken door, op straatniveau visueel contact tussen de openbare ruimtes aan beide zijden van het blok mogelijk is. De oriëntatie van de woningen verspringt halverwege het blok zodat de woonkamers telkens uitzien op de grotere open ruimte. Deze operatie, waarbij de galerijzone verandert in een balkonstrook, heeft door de plaatsing van een betonnen raster toch tot een homogene gevel geleid.

▪ A meandering block on columns with five levels of housing extends across the diagonal of the rectangular site replacing three small perimeter blocks. Orientation of the dwellings is reversed halfway along the block so that all living rooms look onto the larger open space. Despite this operation, through which the access gallery zone transmutes into a row of balconies, a homogeneous facade has been attained by wrapping the whole in a concrete gridlike screen.

146 WONINGBOUW/HOUSING TWEEBOS DWARS

Christiaan de Wetstraat e.o.

DKV | 1991-1993

de Architect 1994-4; Architectuur in Nederland. Jaarboek 1993-1994

Twee verouderde, oorspronkelijk gesloten bouwblokken zijn vervangen door een stedelijk ensemble dat bestaat uit twee verschillende bouwvormen aan weerszijden van een verkeersvrij buurtplein. Ondanks de hoge woningdichtheid is gezorgd voor een transparante opzet. Langs het Afrikaanderplein zijn vier V-vormige torens in acht lagen op een 'plint' met bergingen geplaatst. Aan de overzijde van het buurtplein bevinden zich vier lagere dwarsblokken die twee-aan-twee zijn gekoppeld door een tussenblokje. Uit de vormgeving spreekt de overtuiging dat de zeggingskracht van het modernisme nog lang niet is verdwenen.

▪ On the site of two dilapidated former perimeter blocks an urban ensemble consisting of two distinct masses is created on either side of a traffic-free neighbourhood plaza. The parti is transparent despite the high accommodation density. Along Afrikaanderplein stand four V-shaped eight-storey towers on a basement of storage space. Across the neighbourhood square are four less-tall blocks set diagonally and linked in pairs by a smaller intermediary block. The design articulates the conviction that modernism's expressive powers are anything but dead.

147 BETONWONINGEN/CONCRETE DWELLINGS STULEMEIJER

Dortmondstraat/Heer Daniëlstraat; Walravenstraat

J.M. VAN HARDEVELD | 1921-1924

S. Cusveller - Tuindorp in beton, 1989

Een voorbeeld van de experimenten met betontechnieken als vervanging van de traditionele baksteenbouw. Het zgn. Isola-bouwsysteem bestaat uit gestapelde betonblokken, aanvankelijk zonder buitenafwerking toegepast. De 'strengheid van conceptie', het grijze uiterlijk, de platte daken en de grotere module, door de architect als voordeel gezien, vindt bij het grote publiek minder waardering.

▮ These housing projects are an example of experiments with concrete to replace traditional brick structures. The 'Isola' building system uses stacked concrete blocks, originally left exposed. Its 'severity of conception', pervading greyness, flat roofs and large module (considered advantageous by the architect) were less enthusiastically received by the general public.

148 BETONWONINGEN/CONCRETE DWELLINGS DE KOSSEL

Bloemhofplein/Hortensiastraat/Hyacintstraat

J. HULSBOSCH | 1921-1929

Bouwkundig Weekblad 1925 p.138; L'Architecture Vivante 1926-1; S. Cusveller - Tuindorp in beton, 1989; de Architect 1991-3, 1994-4

Tegelijkertijd met de bouw van Stulemeijer (147) wordt begonnen met de woonwijk De Kossel. De Duitse firma Kossel hanteert een bouwsysteem waarbij de wanden, vloeren en daken met behulp van geprefabriceerde bekistingselementen ter plaatse worden gestort. Kossel I bestaat uit een menging van eengezins- en etagewoningen, gegroepeerd rond het driehoekige Bloemhofplein. De tweede fase kent een strokenverkaveling en een soberder detaillering. Aan de rand van Kossel II realiseerden W. van Tijen en W. Greve een strook korrelbetonwoningen. In 1987 is de wijk door Peters & Boogers gerenoveerd en voorzien van een aantal nieuwe blokken.

▮ De Kossel was built at the same time as Stulemeijer (147). The German firm of Kossel employed a system of construction whereby the walls, floors and roofs were poured into place using prefabricated shuttering. Kossel I comprises a mix of single-family houses and flats grouped around a triangular plaza (Bloemhofplein). The second phase combines row development with a more restrained detail. On the edge of Kossel II W. van Tijen and W. Greve built a row of coarse concrete housing. In 1987 the estate was renovated by Peters & Boogers and a number of new blocks were added.

149 TUINDORP/GARDEN VILLAGE VREEWIJK

Groenezoom e.o.

GRANPRÉ MOLIÈRE, VERHAGEN, KOK | 1913

H.P. Berlage (oorspr. ontw.)

Stedebouw en Volkshuisvesting 1921 p.124, 159, 1966 p.189; M. Casciato e.a. - Architektuur en Volkshuisvesting, Nederland 1870-1940, 1980; D.I. Grinberg - Housing in the Netherlands, 1900-1940, 1982; Architectuur Rotterdam 1890-1945, 1991

Deze tuinwijk voor arbeiders met 5.700 woningen wordt gerealiseerd buiten het speculatiegebied van Rotterdam naar een stratenplan van Berlage. Er zijn vrijwel geen gemeenschappelijke voorzieningen. De woningen zijn eenvoudig, goedkoop en traditioneel, gebouwd zonder nieuwe materialen of technieken in blokken laagbouw met zeer veel groen. Bij het ontwerp is zeer veel aandacht besteed aan de oriëntatie op de zon, lengte en diepte van bouwblokken en straatprofielen. De wijk is vrijwel geheel gerenoveerd.

▮ This workers' garden estate of 5,700 dwellings outside Rotterdam's speculation area was created using a street layout by Berlage. There is an almost complete lack of communal facilities. Dwellings are basic, cheap and traditional, built without new materials and techniques in low-rise blocks with abundant green space. During design much attention was paid to orientation to sun, length and depth of housing blocks, and street profiles. Vreewijk has since been almost completely renovated.

150 WONINGBOUW/HOUSING KIEFHOEK; KERK/CHURCH

Kiefhoekstraat/Lindtstraat; Eemstein 23
museumwoning/dwelling: Hendrik Idoplein 2 (010-4853159)

J.J.P. OUD | 1925-1930; 1928-1929

W. Patijn (rest. 1989-1995); Van Duivenbode & De Jong (rest. 1992-1994)

Bouwkundig Weekblad 1930 p.369, 381; L'Architecture Vivante 1933-I; H. Oud - J.J.P. Oud, Architekt 1890-1963, 1984; S. Cusveller - De Kiefhoek, 1990; Arch-thema 1990-37; Architectuur Rotterdam 1890-1945, 1991

De woonwijk Kiefhoek bestaat uit ongeveer driehonderd woningen, twee winkels, een waterstokerij en een kerk. In het plan zijn verder twee verhoogde speelplaatsen opgenomen. De woningen zijn bedoeld voor minder draagkrachtige arbeidersgezinnen. De basis van het plan wordt gevormd door langgerekte stroken opgebouwd uit gestandaardiseerde woningen in twee lagen. Door deze rationele basis op verschillende manieren op de omgeving te laten reageren is een gevarieerd stedebouwkundig plan ontstaan. Aan de zuidzijde van de wijk resulteert de schuine grenslijn in afgeronde hoeken van twee, aan deze zijde gesloten, bouwblokken. In de ronde hoeken zijn winkels opgenomen. Deze blokbeeindiging is verwant aan die van het bouwblok in Hoek van Holland dat een jaar eerder door Oud is ontworpen. Ook in de gevelbehandeling vertonen de beide plannen overeenkomsten. De horizontaal gelede gevels bestaan uit een onderstrook van grijze puien met gele bakstenen borstweringen. Een eveneens doorlopende gele raamstrook op de verdieping wordt van de onderzijde gescheiden door een witgestucte middenband. De voortuinen worden gescheiden door gele bakstenen muurtjes en afgesloten door blauwe stalen hekjes. In tegenstelling tot Hoek van Holland wordt de achtergevel gelijk behandeld. De compacte plattegronden van 7,5 x 4,1 m. bestaan op de begane grond uit een woonkamer en een entreeportaal aan de straatzijde en een keuken aan de tuinzijde. Een halfronde trap leidt naar de verdieping met drie slaapkamers. Vanwege bezuinigingen zijn aanvankelijk geplande voorzieningen als douche, wastafel, strijkplank en doorgeefkast niet uitgevoerd. Desondanks is Oud erin geslaagd met beperkte middelen en ruimte een volwaardige woning te ontwerpen en aan het 'Existenzminimum' een architectonische meerwaarde te geven. Terecht worden zowel het stedebouwkundig plan als de woningplattegronden internationaal geprezen. Door het ontwerp voor de kerk gratis uit te voeren verzekert Oud zich ervan dat de eenheid in de wijk zou worden bewaard. De eenvoudige rechthoekige zaal met aan weerszijden balkons wordt aan één zijde geflankeerd door nevenruimtes in een wisselende hoogte. Evenals bij de woningen zijn de gevels witgestuct en horizontaal geleed. Alleen de schoorsteen geeft een verticaal accent. Woningen en kerk zijn gerenoveerd waarbij het oorspronkelijke ontwerp zo veel mogelijk intact is gelaten.

▪ Some three hundred dwelling units, two shops, a hot-water service, two raised playgrounds and a church make up the Kiefhoek housing estate. Its dwellings were intended for less-prosperous workers' families. The plan is based on elongated rows built up of standardized two-level dwelling units. Having the rational basis respond to its surroundings in different ways led to a varied urban plan. On the estate's south side the oblique borderline resulted in rounded corners for the only two closed blocks on the estate. Containing shops, these rounded corners are very much like those of Oud's Hook of Holland housing of one year earlier. The facades are similar too. Here, the horizontally articulated facades combine a lower strip of grey-framed glass with bands of yellow brick. Dividing this from a similarly uninterrupted yellow strip with fenestration on the upper level is a central white-rendered band. Front gardens are separated from each other by walls of yellow brick and fenced in with blue steel railings. Unlike the Hook of Holland housing, rear and front elevations are here treated the same. The compact plan (7.5 x 4.1 m.) consists on the ground floor of a living room and entrance on the street side and a kitchen facing the garden. A semi-circular stair leads to the upper level of three bedrooms. Lack of funds meant that plans for such facilities as a shower, washbasin, ironing board and service hatch had to be abandoned. Despite this Oud used the limited means and space to create a full-fledged dwelling and boost the 'Existenzminimum' (minimum subsistence level) with an architectural 'surplus value'. Both urban design and dwelling plans were justifiably greeted with international acclaim. By designing the church at his own expense Oud made sure that nothing of the estate's unity would be lost. The simple rectangular main space with balconies either side is flanked on one side by ancillary spaces of varying height. Like the houses the church has white-rendered facades and is horizontally articulated. Only the chimney adds a vertical touch. Dwellings and church have since been renovated, keeping as close to the original design as possible.

151 BEJAARDENHUISVESTING/OLD-AGE ACCOMMODATION DE ZONNETRAP

Spinozaweg/Molenvliet

E. HARTSUYKER, L. HARTSUYKER-CURJEL | 1976-1980

Bouw 1971 p.450; de Architect 1980-6; Architectuur Rotterdam 1970-1995, 1995

Een winnend, maar nog onuitvoerbaar prijsvraagontwerp uit 1967 wordt uiteindelijk op een andere locatie gerealiseerd. Het gebouw is gebaseerd op de studie Biopolis, een kritiek op de CIAM-stedebouw in de vorm van macrostructuren met diverse geïntegreerde functies. Door de terrasvormige stapeling van de 179 woningen en de combinatie met rechte blokken voor kantoren, ateliers en gemeenschappelijke voorzieningen ontstaat een boeiend ruimtelijk geheel in de binnenruimtes.

▮ At first impossible to build, this competition-winning design from 1967 was eventually realized on a different site. It is based on 'Biopolis', a critical study rejecting CIAM urban design in favour of macrostructures with an integrated mix of functions. Its 179 dwellings in terraced layers combine with blocks for offices, workshops and communal facilities to generate an exhilarating spatial whole in the inner courts.

152 WOONGEBOUW/HOUSING BLOCK KREILERBURCHT

Kreileroord 21-44

W. PATIJN | 1991-1993

Bouwwereld 1994-5; Architectuur Rotterdam 1970-1995, 1995

De wooneenheden van dit milieuvriendelijk gebouwde en energiezuinige gemeenschappelijke woongebouw voor 55+ers zijn in twee stroken van vier bouwlagen ondergebracht. De tussenruimte tussen de twee stroken is overdekt en uitgevoerd als atrium. De wooneenheden zijn door middel van galerijen aan de atriumzijde ontsloten. Het atrium, waarin een subtropische tuin aangelegd, is overdekt met een gebogen stalen dak op gelamineerde vurenhouten liggers. De stroken tussen het gebogen dak en het dak van de wooneenheden zijn geheel beglaasd, evenals de kopgevels van het atrium.

▮ This energy-saving communal housing block of environmentally-friendly construction for the over-55s has dwelling units laid out in two four-storey rows. The space between the two rows is roofed and designed as an atrium or buffer zone, along which are galleries accessing all units. The atrium, which houses a subtropical garden, has a curved steel roof resting on laminated pinewood joists. The spaces between the curved roof and the roof of the dwelling units are fully glazed, as are the head ends of the atrium.

153 SCHOLENGEMEENSCHAP/SECONDARY SCHOOL NICOLAAS WITSEN

Olympiaweg 395

A.A. VAN STEKELENBURG (GEMEENTEWERKEN) | 1966-1969

Architectuur Rotterdam 1945-1970, 1993

Het ontwerp van deze scholengemeenschap voor lager technisch en lager economisch en administratief onderwijs wordt gekenmerkt door grote aandacht voor de bouwtechniek en de architectonische expressie daarvan. Het complex is verdeeld in een drietal zakelijke rechthoekige paviljoens die in een parkachtige omgeving zijn geplaatst. De paviljoens, een langgerekt hoog theorieblok, een laag vierkant werkplaatsenblok en een gymnastieklokaal, zijn verbonden door glazen gangen. Het gebouw is opgebouwd uit een in het zicht gelaten zwartgeverfde staalconstructie op een moduul van twee meter, dat is gevuld met raamstroken en witte panelen.

▮ The main feature of the design for this school providing junior secondary technical and commercial education, is the great care given to articulating its functions structurally and architecturally. Set in parklike surroundings, the complex divides into three functional rectangular pavilions, tall elongated theory block, less-tall square block of workshops and gymnasium, linked by glazed corridors. Structurally the building comprises a black-painted steel frame construction to a module of two metres whose cladding alternates white panels with window bands.

154 ZUIDPLEINFLAT/BLOCK OF FLATS

Zuidplein/Mijnsherenlaan

W. TIJEN, E.F. GROOSMAN | 1941-1947

J.B. Bakema, H.A. Maaskant (medew.)

Bouw 1949 p.870; Forum 1949 p.359; T. Idsinga e.a. - Architect Van Tijen 1894-1974, 1987; Architectuur Rotterdam 1945-1970, 1993

De Zuidpleinflat bevat woningen voor alleenstaanden en kleine gezinnen. Van Tijen vond bij nader inzien dat het door hem ontwikkelde gebouwtype voor de Bergpolderflat (094) en de Plaslaanflat (108) minder geschikt was voor gezinnen met kinderen. Op het dak bevinden zich een aantal kamers die als logeerkamer of als tijdelijke uitbreiding voor de woningen gebruikt kunnen worden. Op de begane grond wordt een collectieve tuin omsloten door een café, twee winkels, een crèche en een garage. Onder de flat bevinden zich bergingen en was- en droogruimtes.

▪ The Zuidpleinflat comprises dwellings for single persons and small families. Van Tijen had on reflection decided that the type of building he had developed for the Bergpolderflat (094) and the Plaslaanflat (108) was less suited to families with children. On the roof are a number of rooms possibly serving either as guest-room or as temporary extension to the unit. The ground floor contains a communal garden ringed by a café, two shops, a day nursery and a garage. Beneath the block are spaces for storage, washing and drying.

155 INDUSTRIEGEBOUW/INDUSTRIAL BUILDING ZUID PLEIN

Strevelsweg 700

H.A. MAASKANT | 1954-1961

Baumeister 1961 p.976; Polytechnisch Tijdschrift Bouwkunde 1961 p.1038; L. Ott - Van luchtkasteel tot koopmansburcht, 1969; Architectuur Rotterdam 1945-1970, 1993

In navolging van de bedrijfsverzamelgebouwen op de noordoever (003, 103) wordt ook een gebouw voor verhuurbare ruimtes voor kleinere bedrijven 'op zuid' gerealiseerd. Het gebouw bestaat uit een langgerekt blok van acht verdiepingen aan de Zuidpleinzijde. Daarachter zijn een grote en twee kleinere torens gesitueerd, welke met luchtbruggen aan het hoofdblok zijn verbonden. Op de begane grond bevinden zich hogere winkel- en bedrijfsruimtes en een expeditiestraat tussen het hoofdblok en de torens. De rechthoekige gezamenlijke kantine steekt als een groot venster uit de strakke gevel van het hoofdblok.

▪ Emulating the mixed-use buildings on the north bank (003, 103) is this south-bank counterpart with space to let for the more modest-sized enterprises. It comprises an elongated block eight storeys high on the side to Zuidplein. Behind this is one large and two smaller towers linked to the main block by aerial walkways. On the ground floor are taller retail and commercial premises and a service road between the main block and the towers. The rectangular communal cafeteria juts like a large window through the taut envelope of the main block.

156 ZUIDERPARK

Zuiderparkweg

J. HANEKROOT | 1951

D. Louwerse e.a. - Groen in Rotterdam, 1985

In het uitbreidingsplan Linker Maasoever van 1949 wordt de Zuiderparkgordel gedefinieerd als een 750 m. brede en drie kilometer lange strook, een groene zone tussen de vooroorlogse wijken en de nieuwe uitbreidingen Pendrecht (157) en Zuidwijk. Een belangrijke overweging bij het ontwerp was dat het park het tekort aan buitenruimte in de oude wijken moest opvangen; geen sierpark, maar een gebruikspark met veel ruimte voor actieve recreatie. Het overgrote deel van het programma is hierdoor bepaald: sportvelden, zwembad, speeltuinen en -weiden, kanovijver en volkstuinen. Door de bouw van het AHOY-complex ging een deel van het park verloren.

▪ The Zuiderpark belt was defined in the 1949 expansion scheme for the left bank of the Maas as a 750 m. wide, three kilometre long strip, a green zone between the prewar districts and the new developments of Pendrecht (157) and Zuidwijk. A major consideration in designing the park was that rather than being ornamental it should make up for the lack of outdoor space for active recreation in the old districts. Hence the lion's share of the programme is taken up with sports fields, a swimming pool, playgrounds and playing fields, a boating lake and personal allotments. Part of the park was forfeited when the AHOY sports and entertainment complex was built.

157 WONINGBOUW/HOUSING PENDRECHT

Slinge/Zuiderparkweg/Groene Kruisweg

C.I.A. STAM-BEESE | 1949-1953

J.B. Bakema, Opbouw (medew.)

Stedebouw en Volkshuisvesting 1953 p.121; S.U. Barbieri e.a. - Stedebouw in Rotterdam, 1981, Architectuur en Planning, Nederland 1940-1980, 1983; Architect 1992-11; H. Damen - Lotte Stam-Beese 1903-1988, 1993

Pendrecht, een van de woonwijken die tijdens de wederopbouw aan de zuidrand van Rotterdam zijn gebouwd, is bedoeld als huisvesting voor de arbeiders die in de nabijgelegen havens werkzaam zijn. Het fascinerende van Pendrecht is de poging die wordt gedaan om greep te krijgen op de 6.300 woningen door gebruik te maken van een oplopende reeks ruimtelijke eenheden: woning-woninggroep-buurt-wijk-stad. In 1949 maakte Lotte Stam-Beese voor de Dienst Stadsontwikkeling en Wederopbouw verschillende plannen waarbij de inbreng van de Rotterdamse architectengroep Opbouw waarschijnlijk van invloed is geweest op de uiteindelijke uitwerking. De wijk bestaat uit vier buurten rond een verkeersvrij centraal plein. Als bouwsteen voor de buurten is niet zoals gebruikelijk gekozen voor een stelsel van (gesloten) bouwblokken of van reeksen vrijstaande woongebouwen, maar voor zogenaamde 'wooneenheden' die kunnen worden gezien als ruimtelijke en sociale schakel tussen woning en buurt. Elke wooneenheid bestaat uit een gemengde bebouwing voor verschillende bewonerscategorieën. Deze sociale verscheidenheid wordt gereflecteerd in de ruimtelijke verschijning van de wooneenheden: vrijstaande blokken van verschillende hoogte die gezamenlijk een collectief groengebied omsluiten. De later meer gebruikelijke benaming voor de wooneenheid, de 'stempel', wordt verklaard door de wijze waarop de wooneenheden in een strak orthogonaal stelsel zijn geschakeld. Ook in het ontsluitingssysteem is een oplopende reeks herkenbaar. Doodlopende straten met speelgelegenheid sluiten vanuit de wooneenheden aan op de buurtstraten tussen de hogere blokken. De wijk is met de stad verbonden door een centrale ontsluitingsweg in oost-westrichting. De scholen zijn opgenomen in het centrum en in een groenzone die het centrum met het Zuiderpark (156) ten noorden van de wijk verbindt. Winkels zijn gedeeltelijk in het centrum, gedeeltelijk gedecentraliseerd in het plan opgenomen. Pendrecht heeft het denken over stedebouwkundige oplossingen voor de grote vraag naar woningen na de Tweede Wereldoorlog gedurende de jaren vijftig grotendeels bepaald. Het politieke besluit in het begin van de jaren zestig om de bouwprogramma's in versneld tempo uit te voeren liet echter geen ruimte meer voor het geduldig uitwerken van dergelijke 'vormproblemen' en leidde tot een wildgroei aan hoogbouwwijken zonder aandacht voor sociale of formele verhoudingen.

▪ Pendrecht, one of the districts built during the postwar reconstruction on the southern perimeter of Rotterdam, was originally intended to house those working in the nearby docks. The fascinating thing about Pendrecht is the attempt to make manageable its 6,300 dwellings by using an ascending series of spatial units: dwelling-block-neighbourhood-district-town. In 1949 Lotte Stam-Beese drew up the plans for the Dienst Stadsontwikkeling en Wederopbouw (Urban Development and Reconstruction Agency). 'Opbouw', a group of Functionalist architects based in Rotterdam, was a likely influence on their ultimate elaboration. The district configures four neighbourhoods around a traffic-free square. Rather than the usual system of (perimeter) blocks or series of free-standing buildings the fundamental unit chosen for these neighbourhoods was the so-called 'wooneenheid' ('cluster'), which can be considered a spatial and social link between house and neighbourhood. Each cluster consists of a variety of buildings serving differing categories of tenant. This social diversity is reflected in their spatial layout, free-standing blocks of differing height together surrounding a communal green space. The later, more common name for the cluster, the 'stempel' ('stamp') derives from the way in which clusters are organized in a strict orthogonal system. An ascending series is also recognizable among the different types of access. Cul-de-sacs with play space connect clusters to neighbourhood streets running between the taller blocks. Joining the district to the town is a central access road following an east-west direction. Schools are accommodated in the district's centre and in a green zone linking the centre with the Zuiderpark (156) to the north of the district. Shops are either located centrally or are 'decentralized' elsewhere in the plan. Pendrecht greatly influenced ideas on urban design solutions to the great postwar demand for housing during the fifties. The political decision of the sixties to accelerate the building programme, however, left no room for patiently solving such 'problems of form', and led to an over-proliferation of high-rise districts with no concern for either social or formal proportions.

158 WOONGEBOUW/HOUSING BLOCK KOP ST. JANSHAVEN
Bartel Wiltonplaats
DKV | 1986-1988
Bouw 1990-8; Archis 1989-2

Als een trein trekt dit tien verdiepingen hoge woongebouw de wagons van een bestaande 200 m. lange flat richting Nieuwe Maas. Dit beeld van vooruitgerichte beweging wordt versterkt door de halfronde beëindiging van het gebouw en door het horizontale karakter van de oostgevel met drie glazen galerijstroken in het overigens gesloten gevelvlak. Doordat de galerij telkens drie woonlagen ontsluit, per travee een woning van anderhalve travee boven en onder de galerij, ontstond financiële ruimte voor het beglazen en zo tegen windhinder beschermen van de galerij.

▪ Like a train this ten-storey housing block pulls its rolling stock, an existing 200 m. long apartment building, in the direction of the Nieuwe Maas river. This image of forward motion is strengthened by the semicircular end of the building and the horizontal character of the east elevation with its three glazed access galleries in the otherwise relatively blank walled surface. Because each gallery opens onto three levels of housing, for each bay a dwelling unit of one and a half bays above and below the gallery, there was financial leeway to enable glazing the access galleries to keep the wind out.

159 ROOKGASREINIGER/PURIFYING PLANT ROTEB
Brielselaan 175
M. STRUIJS (GEMEENTEWERKEN) | 1990-1993
Bouwen met Staal 1994-sep/oct; Architectuur Rotterdam 1970-1995, 1995

Verscherping van de milieu-eisen maakt eind jaren tachtig een nieuwe rookgasreiniger van de afvalverbrandingscentrale noodzakelijk. Het gebouw vormt een monumentale afsluiting van twee stedelijke assen. Om de installaties is een strakke huid van zilverkleurige stalen sandwichpanelen getrokken. De functie is tweeledig: absorptie van het machinegeluid en het weren van regen, wind en koude. Door de vormgeving van zijn gebogen gevels verzoent het gebouw zich ondanks zijn grote volume met zijn omgeving. De gebogen wanden vormen een dynamisch geheel, dat onder invloed van de zonnestand een steeds wisselende aanblik biedt.

▪ Ever stringent environmental regulations necessitated the construction at the end of the eighties of a new plant for purifying flue gas from the city incinerators. The building terminates two urban axes in grand fashion. Wrapped around the plant is a tight skin of silver steel sandwich panels with a dual function: to absorb the noise made by the machinery and to ward off wind and weather. The design of the building's curved walls successfully reconciles it to the surroundings, for all its great size. The walls themselves fuse in a dynamic totality that changes appearance with the sun's position in the sky.

160 GRAANSILO/SILO BUILDING
Brielselaan
BRINKMAN & VAN DER VLUGT | 1910/1929-1931
J.P. Stok Wzn. (oorspr. ontw.), A.G. & J.D. Postma (uitbr. 1952)
Havenarchitectuur, 1982

Het in 1910 door J.P. Stok ontworpen silogebouw aan de kop van de Brielselaan is in 1931 door Brinkman & Van der Vlugt uitgebreid met een gewaagde betonconstructie. De opdracht was een uitbreiding 'zo groot als de zwaarst mogelijke fundering slechts zou kunnen dragen'. Voor deze fundering werden 'Sprenger'-palen met een verzwaarde punt toegepast. Pas in een laat stadium werd de oorspronkelijk ontworpen staalconstructie vervangen door beton. Voor de silo's en de elevatortoren werd voor het eerst in Nederland gebruik gemaakt van een glijbekisting. De twee meter brede uitkraging aan de straatzijde verhoogt niet alleen de capaciteit maar zorgt tevens dat de buitenste kolommenrij evenwichtig belast wordt.

▪ The silo building designed in 1910 by J.P. Stok at the head of Brielselaan was extended in 1931 by Brinkman & Van der Vlugt with an audacious concrete structure. The brief called for an extension 'so big as to be carried only by the most sturdy foundations imaginable'. These accordingly comprise 'Sprenger' piles with a reinforced point. The steel structure of the design was replaced by concrete only at a late stage; the elevator tower and the silos were the first in the Netherlands to use slip formwork. The two-metre cantilever to the street is not just to increase the capacity, it evenly loads the outermost row of columns.

161 CEMENTSILO/SILO BUILDING NCHM

Bunschoterweg 125

A. BODON (DSBV) | 1964

Havenarchitectuur, 1982; Architectuur Rotterdam 1945-1970, 1993

Deze cementsilo is een van de meest expressieve silogebouwen in het havengebied. Het geheel in beton uitgevoerde gebouw heeft een distributiefunctie en is geheel volgens het 'vorm volgt functie' principe ontworpen. Het door schepen aangevoerde cement wordt door een grijpkraan in een trechter gestort. Van daaruit wordt het via een elevatortoren met een machinekamer op de top naar een verdeelbrug over de acht in hoogte aflopende cilindervormige silo's verdeeld. Via trechters aan de onderzijde van de silo's belandt het in vrachtwagens of treinwagons. Tussen de silo's en de elevatortoren is een ontstoffingsgebouw gehangen.

▪ This cement silo is one of the most expressive silo buildings in the docks. Entirely of concrete, the building's main function is to distribute the cement and is designed wholly according to the precept of 'form follows function'. The cement conveyed there by boat is lifted out by mechanical grab and poured into a funnel. From there it travels up an elevator tower topped with a machine-room to a sorting bridge and divided among eight cylindrical silos of descending height. More funnels on the underside of the silos channel the cement into trucks or railway wagons. Slung between the silos and elevator tower is a dust removal unit.

162 TUINDORP/GARDEN VILLAGE HEYPLAAT

Rondoplein e.o.

H.A.J. BAANDERS | 1914-1918

M. Casciato e.a. - Architektuur en volkshuisvesting, Nederland 1870-1940, 1980; Architectuur Rotterdam 1890-1945, 1991

De eerste gerealiseerde arbeiderswoonwijk volgens de tuindorpgedachte kwam tot stand op initiatief van directeur Van Gelder van de Rotterdamsche Droogdok Maatschappij. De wijk ligt ingeklemd tussen de Waalhaven en de Heysehaven en is opgezet om geschoolde arbeiders nabij de scheepswerf te huisvesten. De eerste bouwfase van de wijk bestond uit 400 woningen, twee kerken, een vergadergebouw met winkels, twee scholen, een bibliotheek, een was- en badgebouw en een ontspanningsgebouw met café en theater. Al na enige jaren is de wijk in zuidelijke richting uitgebreid. Bewonersprotesten tegen een voorgenomen sloop resulteerden in een grondige renovatie in de jaren tachtig.

▪ The first workers' district built to the garden city concept owes its existence to Van Gelder, director of what was then the Rotterdam Dockyard Company. Wedged between the Waalhaven and Heysehaven harbour basins, Heyplaat was set up to house trained dockworkers near the shipyard. The first phase of building produced 400 houses, two churches, a community centre and shops, two schools, a library, a wash- and bathhouse and an after-work centre including café and theatre. Within a few years the district was expanded to the south. Local protest at a proposal to demolish Heyplaat led to wholesale renovation in the eighties.

163 SPEELTUIN/PLAYGROUND HEYPLAAT 77

Eemhavenweg/Karimunstraat

T. VENHOEVEN, A. MIK, RIVERINE STUDENTS | 1994

J. de Graaf e.a. - Riverine Architecture, 1994

Het ontwerp voor deze speeltuin ontstond tijdens een designworkshop voor studenten op een Rijnboot. De drie uitgangspunten waren dat het geheel in een dag (Opzoomerdag) gerealiseerd moest kunnen worden, dat zoveel mogelijk gebruik zou worden gemaakt van beelden en materialen die refereren aan het havenbedrijf in het algemeen en de nabijgelegen RDM-werf in het bijzonder, en dat de speelelementen de grenzen zouden onderzoeken van het mogelijke en het gevaar. Het resultaat is inderdaad een spannend en rommelig doolhof dat nog het meest lijkt op de ongeplande rafelranden van de stad waar kinderen het liefste spelen.

▪ The design for this playground was conceived during a design workshop for students on board a ship plying the Rhine. The three conditions were that it could be built in one day (Opzoomerdag, a day to celebrate social renewal in Rotterdam), that it should exploit imagery and material referring to port activities and the nearby RDM wharf in particular, and finally that the themes of play there should be 'courting danger and seeking the limits of what is possible'. The result on site is certainly an exhilarating, chaotic labyrinth, little of it premeditated and resembling more than anything else the unplanned frayed edges of town where children like playing best.

Literatuur/Bibliography

Aarts, M. (red.) - *Vijftig Jaar Wederopbouw Rotterdam, een geschiedenis van toekomstvisies*, Rotterdam, 1995

Andela, G., C. Wagenaar - *Een stad voor het leven. Wederopbouw Rotterdam 1940-1965*, Rotterdam, 1995

Baaij, H., J. Oudenaarden - *Monumenten uit Rotterdam*, Rotterdam, 1992

Barbieri, S.U., e.a. - *Stedebouw in Rotterdam. Plannen en opstellen 1940-1981*, Amsterdam, 1981

Blijstra, R. - *Rotterdam, Stad in Beweging*, Amsterdam, 1965

Bureau Monumenten van de dienst Stedebouw en Volkshuisvesting - *Rotterdamse Monumenten Atlas*, Rotterdam, 1992

Camp, D., M. Provoost (red.) - *Stadstimmeren, 650 jaar Rotterdamse stad*, Rotterdam, 1990

Casciato, M., F. Panzini, S. Polano - *Architektuur en Volkshuisvesting, Nederland 1870-1940*, Milaan/Delft, 1980

Damen, H., e.a. - *Architectuur Rotterdam 1890-1945*, Rotterdam, 1991

Damen, H., e.a. - *Architectuur Rotterdam 1945-1970*, Rotterdam, 1993

Damen, H., e.a. - *Architectuur Rotterdam 1970-1995*, Rotterdam, 1995

Devolder, A., H. Damen, P. Groenendijk - *Architectuur- en Stedebouwkaart van Rotterdam*, derde herziene editie, Rotterdam, 1994

Dijk, H. van - *Architectuurgids Rotterdam*, Wonen-TA/BK 1980-5/6

Diverse auteurs - *Stadsvernieuwing Rotterdam 1974-1984* (drie delen), Rotterdam, 1984

Diverse auteurs - *Het Nieuwe Bouwen, Rotterdam 1920-1960*, Delft, 1982

Geurtsen, R., J. Piret - *Map/Guide 9*, Architectural Design 1969-4

Graaf, J. de - *Architectuur en Stedebouw in Rotterdam 1850-1940*, Zwolle, 1992

Grinberg, D.I. - *Housing in the Netherlands, 1900-1940*, Delft, 1982

Kuipers, M. - *Bouwen in beton, experimenten in de volkshuisvesting voor 1940*, Den Haag, 1987

Lange, E. de - *Sober en Solide. De wederopbouw van Nederland 1940-1965*, Rotterdam, 1995

Liesbrock, H., S. Blumberger (red.) - *Die neue Stadt; Rotterdam im 20. Jahrhundert. Utopie und Realität*, Stuttgart, 1993

Louwerse, D., J. Meeuws, F. van Rooden (red.) - *Groen in Rotterdam, heden, verleden en toekomst van het landschap in de stad*, Rotterdam, 1985

Mulder, S., J. Schilt - *Jonge architecten in de Wederopbouw 1940-1960*, Amsterdam, 1993

Ravesteyn, L.J.C.J. van - *Rotterdam in de twintigste eeuw*, Rotterdam, 1948

Roelofsz, E. - *De frustratie van een droom, de wederopbouw van Rotterdam, 1940-1950*, Rotterdam, 1989

Traa, C. van (red.) - *Rotterdam. De geschiedenis van tien jaren wederopbouw*, Rotterdam, 1955

Vermeer, G., B. Rebel - *Historische Gids van Rotterdam. 14 wandelingen door de oude en nieuwe stad*, Den Haag, 1994

Wagenaar, C. - *Welvaartsstaat in wording. De wederopbouw van Rotterdam 1940-1952*, Rotterdam, 1992

Wattjes, J.G., W.Th.H. ten Bosch - *Rotterdam en hoe het bouwde*, Leiden, 1941

Winter, P.P. de, e.a. - *Havenarchitectuur. Een inventarisatie van industriële gebouwen in het Rotterdamse havengebied*, Rotterdam, 1982

Chronologisch register/Chronological Index

116 Manege, Woonhuis W. VAN TIJEN 1937
108 Plaslaanflat W. VAN TIJEN, H.A. MAASKANT 1937-1938
050 Chabotmuseum L. STOKLA 1938
096 Woonhuis Gestel J.H. VAN DEN BROEK 1937-1939
099 Woonhuis Snoek J.H. VAN DEN BROEK 1937-1939
025 Erasmusflat/HBU W.M. DUDOK 1938-1939
020 Koopmansbeurs J.F. STAAL 1925-1940
063 Maastunnel A.J. VAN DER STEUR 1937-1941
090 Diergaarde Blijdorp S.VAN RAVESTEYN 1937-1941
131 Filtergebouw A.J. VAN DER STEUR 1941
154 Zuidpleinflat W. VAN TIJEN, E.F. GROOSMAN 1941-1947
027 Bankgebouw C. ELFFERS 1947
041 Bouwcentrum J.W.C. BOKS 1946-1948
027 Bankgebouw B. HOOYKAAS, B. VAN DER VEEN 1949
027 Bankgebouw E.H.A. & H.M. KRAAIJVANGER 1946-1950
131 Filtergebouw A.J. VAN DER STEUR 1950
103 Industriegebouw H.A. MAASKANT, W. VAN TIJEN 1948-1951
013 Warenhuis VAN DEN BROEK & BAKEMA 1948-1951
003 Groothandelsgebouw MAASKANT & VAN TIJEN 1949-1951
156 Zuiderpark J. HANEKROOT 1951
024 De Nederlanden van 1845 W.M. DUDOK 1942-1952
115 Eigen woonhuis Ypenhof J.H. VAN DEN BROEK 1948-1952
138 Aankomsthal BRINKMAN, VAN DEN BROEK & BAKEMA 1937-1953
157 Woningbouw Pendrecht C.I.A. STAM-BEESE 1949-1953
011 De Lijnbaan VAN DEN BROEK & BAKEMA 1951-1953
039 Spaarbank J.J.P. OUD 1942-1955
088 Woningbouw Kleinpolder C.I.A. STAM-BEESE 1947-1955
083 Rotterdamse Citrusveiling H.A. MAASKANT 1951-1955
012 Lijnbaanflats H.A. MAASKANT, A. KRIJGSMAN, H.D. BAKKER 1954-1956
031 Maastorenflat H.D. BAKKER 1955-1956
041 Uitbreiding Bouwcentrum J.W.C. BOKS 1955-1956
001 Centraal Station S. VAN RAVESTEYN 1950-1957
023 Warenhuis De Bijenkorf M. BREUER, A. ELZAS 1955-1957
101 Woonhuis Uitenbroek H.P.C. HAAN 1957
067 Parkflat E.F. GROOSMAN 1949-1958
006 Rijnhotel, AMVJ-gebouw MERKELBACH & ELLING 1949-1959
002 Stationspostkantoor E.H.A. & H.M. KRAAYVANGER 1954-1959
097 Montessorilyceum VAN DEN BROEK & BAKEMA 1955-1960
062 Euromast H.A. MAASKANT 1958-1960
073 Poortgebouw Müller-Thomsen H.A. MAASKANT 1960
155 Industriegebouw Zuidplein H.A. MAASKANT 1954-1961
018 Kantoorgebouw De Utrecht J.J.P. OUD 1954-1961
100 Woonhuis Van Buchem VAN DEN BROEK & BAKEMA 1960-1961
102 Calandlyceum KUIPER, GOUWETOR & DE RANITZ 1957-1962
104 Ammanstichting H.V. GERRETSEN 1959-1962
161 Cementsilo NCHM A. BODON 1964
005 De Doelen E.H.A. & H.M. KRAAYVANGER 1955-1966
011 Uitbreiding De Lijnbaan VAN DEN BROEK & BAKEMA 1962-1966
127 Oecumenisch Centrum RIETVELD, VAN DILLEN, VAN TRICHT 1961-1968
056 Medische Faculteit OD 205 1965-1968
153 Scholengemeenschap A.A. VAN STEKELENBURG 1966-1969
091 Technikon, Hofpleintheater MAASKANT, VAN DOMMELEN, KROOS, SENF 1955-1970
113 Erasmusuniversiteit ELFFERS PARTNERS 1965-1970
062 Space Tower GEMEENTEWERKEN 1969-1970
053 Uitbreiding Boijmans A. BODON 1963-1972
126 Adriaan Volkerhuis MAASKANT, VAN DOMMELEN, KROOS, SENF 1970-1973
082 Kantoorgebouw Europoint SOM 1971-1975
128 Drinkwaterproductiebedrijf W.G. QUIST 1973-1977
013 Uitbreiding Warenhuis VAN DEN BROEK & BAKEMA 1976-1977
151 Bejaardenhuisvesting E.& L. HARTSUYKER 1976-1980
133 Willemsbrug C. VEERLING 1975-1981
040 Uitbreiding St. Laurenskerk W.G. QUIST 1976-1981
124 Kantoorgebouw Moret & Limperg J. HOOGSTAD 1977-1981
125 Wollefoppenpark BAKKER & BLEEKER 1979-1981
106 Woningbouw K. RIJNBOUTT 1977-1982
135 Woongebouw De Peperklip C.J.M. WEEBER 1979-1982
093 Woningbouw Hofdijk J. VERHOEVEN 1977-1983
037 Centrale Bibliotheek VAN DEN BROEK & BAKEMA 1977-1983
130 Woongebouw P.B. DE BRUIJN 1981-1983
036 Paalwoningen, Blaakoverbouwing P. BLOM 1978-1984
045 School, Clubhuis, Woningbouw GIROD & GROENEVELD 1979-1984
072 Basisschool DE NIJL 1982-1984
007 Woongebouw E.& L. HARTSUYKER 1980-1985
042 Woongebouw Kruisplein MECANOO 1981-1985
046 Woningbouw DE NIJL 1983-1985
029 Maritiem Museum Prins Hendrik W.G. QUIST 1981-1986
021 World Trade Centre GROOSMAN PARTNERS 1983-1986
043 Reconstructie Café De Unie J.J.P. OUD 1985-1986
008 Schouwburg W.G. QUIST 1982-1988
092 Woongebouw Agniesebuurt DKV 1984-1988
158 Woongebouw Kop St. Janshaven DKV 1986-1988
033 Kantoorgebouw Willemswerf W.G. QUIST 1983-1989
087 Penitentiaire Inrichting De Schie C.J.M. WEEBER 1985-1989
144 Woningbouw MECANOO 1985-1989
117 Twee patiovilla's OMA 1985-1989
030 Hotel, Imax Theater TUNS + HORSTING 1986-1989
047 Woningbouw MECANOO 1984-1990
145 Woongebouw F.J. VAN DONGEN 1985-1990
048 Woningbouw P.D. WEEDA 1985-1990
034 Inrichting Boompjes K.W. CHRISTIAANSE 1989-1990
034 Restaurant MECANOO 1989-1990
048 Woningbouw DE NIJL 1985-1991
123 Woningbouw Veerse Heuvel DKV 1988-1991
054 Tuinpaviljoen Boijmans H.A.J. HENKET 1989-1991
109 Eigen woonhuis MECANOO 1989-1991
085 Het Witte Dorp P. DE LEY 1986-1992
026 Kantoorgebouw Robeco W.G. QUIST 1987-1992
059 Kunsthal OMA 1988-1992
068 Uitbreiding Parkhotel MECANOO 1990-1992
004 Weena-gebied DIVERSE ARCHITECTEN 1982-1993
060 Museumpark OMA 1985-1993
035 Station Blaak H.C.H. REIJNDERS 1987-1993
015 Politiebureau M. STRUIJS 1988-1993
019 Uitbreiding Bank Mees Pierson EGM 1988-1993
055 Nederlands Architectuurinstituut J.M.J. COENEN 1988-1993
120 Woningbouw Ringvaartplasbuurt MECANOO 1988-1993
159 Rookgasreiniger ROTEB M. STRUIJS 1990-1993
152 Woongebouw Kreilerburcht W. PATIJN 1991-1993
146 Woningbouw Tweebos Dwars DKV 1991-1993
122 Kinderdagverblijf Woeste Willem CEPEZED 1992-1993
057 Sophia Kinderziekenhuis OD 205 1987-1994
121 Hoofdkantoor Volkswoningen DKV 1992-1994
089 Voorzieningencentrum VAN DUIVENBODE & DE JONG 1993-1994
139 Maritiem Simulator Centrum SIR NORMAN FOSTER AND PARTNERS 1993-1994
068 Woningen en winkels MECANOO 1993-1994
136 Renovatie Stadion VAN DEN BROEK & BAKEMA, ZWARTS & JANSMA 1993-1994
163 Speeltuin Heyplaat T. VENHOEVEN, A. MIK, RIVERINE STUDENTS 994
014 Nieuwe Delftse Poort C. KRAAT 1988-1995
105 Leger des Heils VAN DUIVENBODE & DE JONG 1993-1995
061 Uitbreiding Natuurhistorisch Museum MECANOO 1994-1995
143 Woningbouw CEPEZED 1994-1995
129 Woningbouw DWL-terrein DIVERSE ARCHITECTEN 1983-1996
134 Erasmusbrug B. VAN BERKEL 1990-1996
028 Blaak Office Tower MURPHY/JAHN ARCHITECTS 1990-1996
032 Het Nieuwe Werk VAN BERKEL & BOS, DKV 1992-1996
009 Megabioscoop K.J. VAN VELSEN 1992-1996
022 Winkelcentrum Beursplein P.B. DE BRUIJN 1992-1996
010 Herinrichting Schouwburgplein ADRIAAN GEUZE 1992-1996
142 Woningbouw F.J. VAN DONGEN 1994-1996
141 Wilhelminahof KRAAIJVANGER & URBIS, CEES DAM & PARTNERS 1994-1997
044 Stadsvernieuwing Oude Westen DIVERSE ARCHITECTEN 1970-
119 Woningbouw Prinsenland DIVERSE ARCHITECTEN 1982-
140 Kop van Zuid DIVERSE ARCHITECTEN 1987-

Namenregister
Name Index